Asaph Borba

ADORAÇÃO:
quando a fé se torna amor

Rio de Janeiro, 2024

Copyright © 2012 por Asaph Borba.
Copyright de publicação © Vida Melhor Editora LTDA., 2017.
Todos os direitos reservados.

Salvo menção em contrário, todas as referências bíblicas constam da tradução de João Ferreira de Almeida, versão Revista e Atualizada (RA) da Sociedade Bíblica do Brasil (SBB).

Os pontos de vista desta obra são de responsabilidade de seus autores e colaboradores diretos, não refletindo necessariamente a posição da Thomas Nelson Brasil, da HarperCollins Christian Publishing ou de sua equipe editorial.

Publisher	Omar de Souza
Gerente editorial	Samuel Coto
Editor responsável	André Lodos Tangerino
Edição de texto	Claudinei Franzini
Coordenação de produção	Thalita Ramalho
Produção editorial	Jaciara Lima
Revisão	Daniel Borges
Capa	Panorâmica Com&Mkt
Projeto gráfico e diagramação	Sonia Peticov

CIP-BRASIL. CATALOGAÇÃO NA PUBLICAÇÃO
SINDICATO NACIONAL DOS EDITORES DE LIVROS, RJ

B718a

Borba, Asaph
 Adoração : quando a fé se torna amor / Asaph Borba. - 1. ed. - Rio de Janeiro : Thomas Nelson Brasil, 2017.

 ISBN: 978.85.7860.054-9

 1. Adoração 2. Cristianismo. 3. Vida cristã. I. Título.

CDD: 248.845
CDU: 248.151

Thomas Nelson Brasil é uma marca licenciada à Vida Melhor Editora LTDA.
Todos os direitos reservados à Vida Melhor Editora LTDA.
Rua da Quitanda, 86, sala 601A – Centro – 20091-005
Rio de Janeiro – RJ – Brasil
Tel.: (21) 3175-1030
www.thomasnelson.com.br

Contigo o dia é bonito
O sol está sempre a brilhar
Com raios de vida e esperança
Assim eu me ponho a cantar
Sinto que me renovas
Com muita alegria e louvor
Então só me resta adorar-Te
Minha fé se torna amor

Decido viver para Ti
Em cada momento e lugar
Ser Tua mão estendida
Para o mundo alcançar
Assim eu percebo o sorriso
Vejo as lágrimas e a dor
De quem Tu colocas ao meu lado
Pois a fé se torna amor

Verdadeira adoração
Que brota de um coração
Que vive pra glória de Deus
Para Sua honra e louvor
Verdadeira adoração
Que é fruto de comunhão
Lá no lugar secreto
Onde a fé se torna amor
Lá no lugar secreto
Onde a fé se torna amor!
No meu lugar secreto
Onde a fé se torna amor

Quando a fé se torna amor
ASAPH BORBA

DEDICATÓRIA

A Deus Pai, ao meu amado Jesus e ao Espírito Santo, fonte eterna de inspiração e verdade.

Ao meu pai, Joaquim Roque de Souza (em memória), que me ensinou preciosos princípios de vida.

À minha mãe, Eduvirges Borba de Souza, que semeou a Palavra de Deus em meu coração de menino e intercede constantemente por minha vida.

Aos meus irmãos, Débora, Ener, Carmélia e Abner, pela paciência vida afora.

À minha esposa, Lígia Rosana, cujo amor tem sido sem limites.

Aos meus filhos, Aurora e André, meus amores.

Ao meu amigo mais chegado que irmão, Don Stoll, cujo investimento de vida não posso mensurar, e foi também quem compartilhou comigo a visão primeira de adoração e louvor.

Aos presbíteros e pastores da Igreja em Porto Alegre, Erasmo Vourlog Ungaretti, Moysés Cavalheiro de Moraes, Telmo Weber, Rogério Dietrich Rodriques, João Nelson Otto, Ismael Ramos de Oliveira, Moacir Adornes, Otocar Wondracek e Jan Gottfridsson, pelo companheirismo, respaldo e amor.

Ao pastor Bob Curry, que investiu, acreditou e profetizou sobre mim.

Aos adoradores da minha geração — que foram e são fontes de inspiração e companheirismo — com os quais tenho tido a alegria de conviver durante estes anos de ministério: Adhemar de Campos, Alda Célia, Alexandre Malaquias, Alexandre Vieira, Amer Matalka, Alisson Ambrósio (em memória), Ana Paula Valadão Bessa, André Valadão, Antônio Cirilo, Atilano Muradas, Ayman Kafrouny, Bené Gomes, Carlinhos Félix, Christie Tristão, Chris Duran, Cláudio Claro, Daniel de Souza, David Neutel, David Quinlan, Davi Silva, Don Moen, Don Stoll, Eyshila, Everton e Carmélia Tonin, Fernanda Brum, Fernandinho, Gerson Ortega, Gottfridssons, Guilherme Kerr, João Alexandre, João Batista dos Santos, João de Souza Filho, Juan Salinas, Laudvan Marques, Lou Saloum, Ludmila Ferber, Lydia Shadeed, Maged Adel, Marcelo Guimarães, Marcos Witt, Massao Suguihara, Mike Herron, Mike Coleman, Mike Shea, Moisés Malafaia (em memória), Nani Azevedo, Nelson Bomilcar, Nilson Ferreira, Nívea e Gustavo Soares, Nizar Ferez, Paul Wilbur, Paulo César Brito, Paulo Figueiró, Phill Driscoll, Pregador Luo, Sarah Sheeva, Salam Ameish, Sóstenes Mendes, Sérgio Pimenta (em memória), Rodolfo Montosa, Ron Kenoly, Rosana Borba, Tato Himitian, Ted Sandquist e Wiliams Costa Jr.

AGRADECIMENTOS

Ao meu querido pastor, amigo e pai espiritual, Moysés Cavalheiro de Moraes, que tem sido um instrumento de Deus para mostrar-me o caminho dia a dia, cuidando da minha vida. Ele contribuiu de maneira inestimável com muitas horas de criteriosa revisão e correção dos manuscritos, revisão essa que fundamentou a versão final deste trabalho.

Ao pastor Erasmo Vourlog Ungaretti e à sua esposa, Gelsa Ungaretti, que contribuíram na finalização dos originais.

Aos meus sogros, Roberto e Dora Rocha, e aos meus avós Lauro e Jacy Blauth, pela constante retaguarda.

À minha esposa, Lígia Rosana, por estar ao meu lado e me apoiar em mais um projeto.

Ao casal de discípulos Alonso e Cristine Azevedo, que participaram da pesquisa final de referências, assim como fizeram a primeira correção ortográfica e gramatical, incentivando-me a concluir o trabalho.

Ao discípulo Cláudio Cabral, que acrescentou boas sugestões.

Ao escritor Russell Shedd, que prefaciou este livro.

Aos amigos Atilano Muradas e Nicibel Silva, pela revisão final e preparação do texto para publicação.

Por fim, ao também amigo Claudinei Franzini e à Rádio Trans Mundial (RTM), que viabilizaram a publicação deste livro.

APRESENTAÇÃO

Você, caro leitor, não irá ler mais um livro sobre adoração e louvor, apenas. Terá uma experiência rica e especial. Deus não ungiu Asaph apenas para compor, cantar e gravar músicas, ou mesmo para liderar louvores na Igreja em várias partes do mundo. O que você tem nas mãos é um guia minucioso e hábil para orientação do povo de Deus onde você vive ou em qualquer quadrante da Terra. Não se trata de um manual de estudo, intelectual e frio sobre adoração e louvor. Trata-se, sim, de uma viagem, de uma preciosa viagem por todo o plano divino da adoração. Não será uma viagem qualquer.

Asaph conseguiu acumular experiência, conjugada a dons naturais e sobrenaturais, a serviço de um coração bondoso aquecido pelo amor de Deus. Conhecendo-o, desde os seus 16 anos de idade e ajudando-o como pude, por mais de 30 anos, com gratidão ao nosso Pai, vejo nele um milagre!

Viajando por lugares estranhos, fazendo contatos com milhares de pessoas e líderes da Igreja, para dizer-lhes da alegria de adorar a Deus e servi-Lhe como discípulo de seu bendito Filho, Asaph quebrou paradigmas e limites da dedicação.

No Oriente Médio, na Turquia, no Egito, na Europa e nas Américas, aonde Asaph vai, cercando-se sabiamente de auxiliares e companheiros, sim, vai sempre com muita confiança no Pai, com destemor, passando fronteiras internacionais difíceis de transpor, vencendo obstáculos quanto a recursos de todo o tipo, carregando consigo a saudade da esposa e dos filhos, colhendo experiências e compartilhando sua fé, saudando o Senhor e adorando-o, com renovados e sempre alegres e lindos hinos e canções — é assim que ele adora Aquele que o salvou e o conduz.

É um privilégio conviver com ele e apresentar este seu livro tão precioso.

Aprendi muito com Asaph, à medida que o ajudava em decisões de vida e na obra de Deus. Oro para que a leitura atenta de seu livro, acompanhada de reflexão e oração, ajude muitos leitores — músicos, instrumentistas, cantores e outros que o Senhor usa na adoração e louvor — para uma nova ou renovada visão do propósito eterno de Deus de que todas as coisas convirjam e concorram para a glória de seu amado Filho Jesus. Para louvor da Sua glória.

MOYSÉS C. DE MORAES
Porto Alegre, outubro de 2012

SUMÁRIO

PREFÁCIO	15
INTRODUÇÃO	19
CAPÍTULO UM • A quem adoramos?	23
CAPÍTULO DOIS • Por que adoramos?	34
CAPÍTULO TRÊS • Qual é o lugar da adoração?	45
CAPÍTULO QUATRO • Cuidados com o templo	57
CAPÍTULO CINCO • Quando adoramos?	66
CAPÍTULO SEIS • Como adoramos?	73
CAPÍTULO SETE • Adoração em verdade	85
CAPÍTULO OITO • A música	91
CAPÍTULO NOVE • Cantar	104
CAPÍTULO DEZ • Tocar	115
CAPÍTULO ONZE • Dançar	123
CAPÍTULO DOZE • Os inimigos da vida de adoração	128
CAPÍTULO TREZE • Culto a Deus	139
CAPÍTULO QUATORZE • Adoração: palco ou altar?	149
CAPÍTULO QUINZE • Adoração: a glória e a presença de Deus	157
CONCLUSÃO • Adoração: quando a fé se torna amor	167
REFERÊNCIAS	175
SOBRE O AUTOR	179

Prefácio

Com este livro o compositor Asaph Borba mostra que seus talentos não se limitam à inspiração de poesias e melodias. Quem conhece esse líder de adoração não pode deixar de admirar a energia e força de personalidade que ele demonstra ao tocar o violão e cantar os louvores de sua autoria. Ele não omite outros compositores que igualmente têm a glorificação de Deus como prioridade. Agora, a partir da leitura deste livro, os leitores poderão alcançar melhor o segredo de sua vida e dom. Creio que são pouquíssimos os evangélicos brasileiros que não tenham cantado pelo menos uma de suas composições.

Este livro tem uma mensagem clara e contundente. Adoração não se trata apenas de alguns minutos consagrados à liturgia no culto do domingo. Mais que um estilo de música, é um estilo de vida. Tem mais a ver com o ser do que com o realizar. Fomos todos criados "para o louvor de Sua glória" (Efésios 1:6). Asaph quer motivar seus leitores a viverem e cantarem para a glória de Deus.

A adoração que Deus procura, segundo o autor, deve ser uma expressão de nosso conhecimento íntimo de Deus por meio de Jesus Cristo; é um conhecimento que temos pela Palavra de Deus e do Espírito Santo em comunhão com o Corpo de Cristo. Deus se preocupa em convencer-nos de que a idolatria rouba de Deus a adoração a Ele devida. Por isso, acontece frequentemente na igreja que o que deveria ser música e palavras para a honra de Deus se tornam espetáculo. Em vez de as pessoas se aproximarem realmente do Pai da glória, se aproximam mais dos shows dos famosos cantores do mundo. Quantas vezes os lábios pronunciam declarações de amor, mas o coração está longe de Deus?

Segundo Asaph, o incentivo válido para adorar é o amor. A realidade do amor se mostra na obediência e na adoração verdadeiras. Adoramos porque amamos, porque somos gratos. Adoramos porque cremos no Deus da Bíblia e confiamos em suas declarações e promessas. Tudo isso nos prepara para adorarmos eternamente na presença dos anjos e dos santos redimidos.

A verdadeira adoração que o Senhor procura envolve a colocação do nosso eu de lado para que Deus possa atuar sem barreiras. Quando o eu não é negado, é necessariamente adorado. Negamos o nosso eu quando reconhecemos a dignidade e majestade de Deus. Para Borba, todos buscam a Deus no seu interior, mesmo os idólatras e os animistas que se curvam diante do sol. Ele crê firmemente que Deus criou todos os seres humanos para adorar. Mas, somente filhos de Deus podem ser verdadeiros adoradores. A falsa adoração exalta o deus deste mundo que cega os olhos dos descrentes para que não vejam a glória de Cristo.

Asaph Borba está convicto de que os jovens são atraídos pela adoração que comunica vitalidade. O perigo duma liturgia que carece deste elemento fundamental é que as consequências são evidentes no desinteresse dos que não aguentam a hipocrisia de uma apresentação de adoração sem entusiasmo ou paixão. Ninguém que tem participado dum evento com Borba, liderando a música de um encontro, tocando e cantando, pode imaginá-lo sem essa apaixonada adoração.

Esses são apenas alguns vislumbres da riqueza desta mina de pepitas de ouro encontradas nesta obra, que o autor ajuntou em seu livro. Ele não foi preguiçoso na exposição dos elementos que compõem a verdadeira adoração segundo a Bíblia. Tendo acrescentado também observações de muitos outros autores, examinou e incluiu sua própria experiência para extrair observações valiosas. Enfim, recomendo este livro, com entusiasmo, porque ele promove a glória de Deus. Portanto, a Deus toda a glória!

RUSSELL SHEDD, PH.D.
São Paulo, outubro de 2012

Introdução

Meu coração é Teu.
Meu coração é Teu, meu Senhor,
Meu coração é Teu.

Meu coração é Teu
Asaph Borba — 2006

"Mas vem a hora e já chegou em que os verdadeiros adoradores adorarão ao Pai em Espírito e em verdade, pois são estes a quem o Pai procura para seus adoradores. Deus é Espírito e importa que os que o adoram o adorem em Espírito e em verdade" (João 4:23-24).

Por muitos anos tenho ouvido, aprendido e ensinado sobre adoração. No entanto, cada vez mais, vejo que este é um assunto sobre o qual Deus sempre terá muito a nos ministrar, pois é inesgotável. Desde que me deparei, no início do ministério, com as palavras de Jesus ditas à mulher samaritana em João 4, meu coração foi despertado pelo Espírito Santo, não apenas para entender esta verdade, mas para ter um profundo desejo de vivê-la, crendo que esta é a maior busca do Pai: a procura por adoradores. Deus não procura adoração, pois de adoração o Céu está repleto. Ele procura na Terra os seus adoradores. A Bíblia fala também que, "quanto ao Senhor seus olhos passam por toda a terra para mostrar-se forte para com aqueles cujo coração é totalmente dele" (2Crônicas 16:9a).

Este livro não pretende, nem tampouco ambiciona ser um tratado final sobre o assunto, mas sim a reflexão de um coração que, a cada dia, diz ao Pai: "Eis me aqui Senhor, quero ser um destes adoradores a quem Tu procuras; quero ser achado por Ti, ó Pai, na minha vida, no meu lar, no meu dia a dia aonde quer que eu esteja; ali podes contar comigo como Teu adorador."

Espero também compartilhar com todos os que trabalham com louvor e adoração na Igreja minhas experiências como adorador, músico, produtor e compositor, afinal, são quase quarenta anos participando dessa área na vida da Igreja, tanto de forma local quanto também extralocal. Tenho como chamado pessoal, o colaborar com o Espírito Santo e com o propósito eterno de Deus de formar em toda a Terra uma família de filhos que amam e adoram ao Pai em Espírito e em verdade. Oro e trabalho para que os olhos do Senhor que andam por toda a Terra encontrem em cada um de nós um verdadeiro adorador.

Esta reflexão começou em meu coração quando, em 1979, esteve em Porto Alegre um querido irmão dos Estados Unidos, Ern Baxter, que de uma maneira simples, porém profunda, falou sobre o assunto adoração. Eu era bem jovem; dando os primeiros passos no ministério. Foi um grande impacto. Naquele dia descobri de maneira forte e objetiva a importância da adoração como estilo de vida e não como estilo de música, como eu pensava. Foi assim que decidi ser um desses a quem o Pai sempre pode encontrar. Esta decisão mudou a minha vida e tornou-se meu desafio diário até os dias de hoje, pois o que mais quero é ser achado por Deus como um verdadeiro adorador.

Para Deus, a adoração ritual está em segundo plano, como está registrado em 1Samuel 15:22b: "Obedecer é melhor do que sacrificar." Moisés Moraes afirma que a obediência é a forma de adoração preferida de Deus. O Espírito Santo nos mostra que esta submissão interior que nos leva à total submissão a Deus, a Cristo e à Sua Palavra é mais importante para Deus do que cânticos ou qualquer forma musical.

Posso afirmar que o tema principal deste livro é adoração como estilo de vida, muito mais do que um estilo de música. Que para Deus o mais importante é o que está no coração de cada um de seus filhos com quem Ele quer se relacionar de forma intensa e constante. Entendendo que o amor é a linguagem e essência de Deus, posso afirmar que a verdadeira adoração é quando a fé se torna amor.

Este livro levou quase duas décadas para ser escrito. No meio do trabalho, entrei para a faculdade de Jornalismo. Durante o curso, fui mudando toda a redação e o enfoque do texto, dando a ele uma melhor formatação, uma linguagem mais elaborada, bem como, uma fundamentação bibliográfica mais consistente. De fato, acabei por reescrevê-lo. Esse longo processo, entretanto, permitiu um maior aprofundamento no assunto, sem contar que novas experiências ampliaram a visão e deram mais consistência ao projeto. Mesmo sabendo que, no decorrer da vida, terei ainda muito mais para compartilhar, pois os temas adoração e culto a Deus são inesgotáveis, sinto que este é o momento de publicar. E o bom nisso tudo é que escrevi sobre uma das poucas coisas que fazemos na Terra e continuaremos a realizar na eternidade: adorar.

Muitos pensam que o que Deus mais quer é a realização de uma porção de dogmas e ações, muita música, festas e celebrações que serão, ao nosso entender, trocados por bênçãos no decorrer da vida. Creio que Deus está interessado em muito mais do que isso, como afirma o texto de Amós 5:21-23: "Odeio e desprezo vossas festas, e as vossas assembleias solenes (cultos) não me exalarão bom cheiro, e ainda que me ofereçais, holocaustos, ofertas de alimentos, não me agradarei delas; nem atentarei para as ofertas pacíficas de vossos animais gordos. Afasta de mim o estrépito dos teus cânticos; porque não ouvirei as melodias de tuas violas." Para que isso não aconteça, escrevi este livro, pois Deus quer mais de nós, uma vida e um caráter reto e santo.

Espero que este livro leve os leitores a compreenderem que, para o Pai, o mais importante e essencial é o ser antes do realizar. É o coração e também a motivação que antecedem qualquer ação que faz o homem verdadeiro, autêntico e transparente diante daquele que tudo vê. Que sua leitura seja tão edificante e desafiadora como foi para mim o ato de escrever cada uma destas linhas.

Por fim, minha oração é que a sua vida de adoração seja, sem dúvida, o resultado da transformação da semente de fé em um profundo e inquebrável amor a Deus.

Deus abençoe sua leitura!

CAPÍTULO UM

A quem adoramos?

Jesus, em Tua presença reunimo-nos aqui.
Contemplamos Tua face e rendemo-nos a Ti,
Pois, um dia, Tua morte trouxe vida a todos nós
E nos deu completo acesso ao coração do Pai.

Jesus, em Tua Presença
ASAPH BORBA — 1986

O primeiro aspecto a ser abordado é sobre quem deve ser o alvo da adoração. A própria Bíblia nos informa isso: "Ao Senhor, teu Deus, adorarás, e só a Ele darás culto" (Deuteronômio 6:13). Portanto, Deus, o Pai, é o único merecedor de todo louvor, honra e glória, e nós, os homens, "fomos criados para louvor da sua glória" (Efésios 1:6,12,14).

Desde o princípio dos tempos, toda a idolatria criada no mundo visava tirar a atenção do homem com relação ao Deus verdadeiro, fazendo com que a identificação que existia entre o Criador e a criatura fosse interrompida por intermédio de ídolos nos mais diferentes formatos. Desviando a atenção e roubando o coração, consequentemente, desviava e roubava também a adoração. Não satisfeito em enganar os homens, Satanás quis desviar até Jesus da verdadeira adoração. No episódio em que ele tenta Jesus

(Mateus 4), seu objetivo de fato era roubar a Glória de Deus. No fundo, o Diabo queria para si a adoração — que é uma expressão genuína que os homens oferecem a Deus. Nesse momento, Jesus relembra ao tentador o mandamento: "Ao Senhor, teu Deus, adorarás, e só a ele darás culto" (v. 10).

Conceitos de adoração

Quando eu era menino, minha mãe congregava na Igreja Congregação Cristã do Brasil. Meus irmãos e eu éramos levados por ela aos cultos para participarmos de uma parte introdutória chamada "tempo de adoração". Esse período era para quem quisesse chegar mais cedo. Ali cantávamos cânticos pequenos e espontâneos que, com o passar do tempo, ganharam tanta importância naquela denominação que foram impressos em hinário oficial, pois toda a igreja identificou-se com aquele tempo de adoração.

Tais reuniões influenciaram meu conceito acerca da adoração. De imediato, fiquei com a ideia de que louvor era algo que acontecia em um lugar determinado — uma igreja, um monte, um templo, um santuário — aonde as pessoas iam para adorar em uma hora determinada com começo, meio e fim; e a música era o centro. Infelizmente, eu e grande parte dos cristãos, pensamos por um bom tempo que louvor e adoração tivessem a ver apenas com música. Hoje, entretanto, o Senhor tem nos mostrado que adoração é muito mais do que apenas música. Adoração é um estilo de vida e não um estilo de música. Como disse o teólogo britânico Gerald Vann (1906-1963): "A adoração não faz parte da vida cristã; ela é a própria vida cristã."[1]

Adoração verdadeira é fruto de comunhão, intimidade e, sobretudo, de uma aliança de amor contínua com o Pai, na qual Ele

---

[1] BLANCHARD, John. *Pérolas para a vida*. São Paulo: Edições Vida Nova, 1993. Pág. 14.

se dá a conhecer a cada dia para aqueles que o amam e buscam de verdade. "A adoração se inicia na presença de Deus, mas ela também começa por causa da presença de Deus. Jesus compreendia que, para conhecer alguém intimamente, precisamos vivenciar várias experiências com essa pessoa."[2]

No texto de João 4:22, Jesus afirma que os judeus adoravam a quem conheciam. Sim, só podemos adorar a quem conhecemos. Sem conhecer a Deus é impossível adorá-Lo. A questão agora, então, é se é possível ao homem conhecer a Deus. Sem dúvida é possível. Desde o princípio, Deus quis se dar a conhecer ao homem. Lá no Jardim do Éden, Deus vinha, no entardecer, chamando Adão e Eva, para ter comunhão com eles. E até hoje Ele procura, e sempre buscará quem queira esse verdadeiro e profundo relacionamento.

Outro aspecto importante é que o Pai não procura adoração. Deus procura adoradores. Adoração fala de um resultado, enquanto adorador fala do indivíduo, do coração a quem o Pai tanto busca e quer achar. Destaco, então, quatro passos para conhecermos a Deus.

Conhecemos a Deus por intermédio de Jesus

> "Mas, a todos quantos o receberam, aos que creem no seu nome, deu-lhes o poder de se tornarem filhos de Deus; os quais não nasceram do sangue, nem da vontade da carne, nem da vontade de homem, mas de Deus" (João 1:12-14).

A grande busca do espírito do homem é o conhecimento de Deus, o Criador. Quase todas as religiões têm essa busca como

---

[2] WILLIAMS, Roger. *Adoração:* um tesouro a ser explorado. Belo Horizonte: Editora Betânia, 2009.

objetivo principal. Toda esta procura visa o acesso a Deus, usufruir a Sua presença, e restaurar com Ele a comunhão perdida, além de conhecê-Lo de perto. Aqueles que creem no evangelho sabem que o primeiro passo para conhecer a Deus verdadeiramente passa por Jesus. Muitos, no entanto, O buscam apenas por informações, outros por meio de imagens, e outros pelo simples desenvolvimento da espiritualidade. Mas a Bíblia afirma que é só por meio de Cristo. Sim, é por meio Dele que Deus se deu a conhecer a todos nós. Este é um dos aspectos mais gloriosos da Sua obra: todos quantos o conhecem, conhecem também ao Pai. "Eu sou o caminho, a verdade e a vida, ninguém vem ao Pai senão por mim" (João 14:6). Um piedoso homem de Deus, J. C. Ryle, escreveu: "A verdadeira adoração tem de ser dirigida a Deus pela mediação de Cristo. Aquele que presume negligentemente que pode se aproximar de Deus sem a expiação e o Mediador que Deus designou, descobrirá que sua adoração é vã."[3]

Pessoalmente, já estive próximo de algumas religiões, por isso atrevo-me a fazer breves considerações. Certa religião prega que o homem conhece a Deus por suas ações no mundo; outra, por seus ancestrais; outra, pela nossa busca interior; outra, pela reencarnação; e outras, por meio de oferendas às entidades. Pelas mais diversas formas vão enganando multidões e levando-as à morte espiritual, uma vez que a porta de entrada para conhecermos a Deus é tão simples: Cristo Jesus. Foi Ele mesmo quem disse: "Quem vê a mim vê ao Pai" (João 14:9).

Os Evangelhos relatam que, quando Cristo morreu, o véu do santuário rasgou-se de cima a baixo. A razão deste fato tão pouco analisado pela Igreja é que Deus não precisaria mais de um

---

[3]RYLE, J. C. *Adoração* — prioridade, princípios e práticas. São José dos Campos: Editora Fiel, 2010. Pág 17.

templo e muito menos de um lugar onde Ele seria reconhecido e cultuado. A partir daquele dia, Ele se daria a conhecer apenas pelo sacrifício de seu Filho Jesus, o Cordeiro Santo. É por Sua morte na cruz que cada pessoa, por meio da fé, pode herdar a vida eterna e ainda, em vida, conhecer verdadeiramente a Deus e se tornar a nova morada Dele. "Porque vós sois o templo do Deus vivente. Como Ele disse: Neles habitarei, e entre eles andarei; e eu serei o seu Deus e eles serão o meu povo" (2Coríntios 6:16b).

Portanto, para conhecermos mais a Deus, temos primeiro que conhecer a Jesus. Só assim, poderemos então chegar à maravilhosa presença do Pai. "E o Verbo se fez carne e habitou entre nós, cheio de graça e verdade e vimos sua glória, glória como do unigênito do Pai" (João 1:14).

Conhecemos a Deus por intermédio da sua Palavra

"Escondi a Tua palavra no meu coração" (Salmos 119:11). A Palavra de Deus foi deixada neste mundo como o manual de Deus para direcionar, aconselhar, auxiliar e ensinar o homem a fazer a boa, agradável e perfeita vontade de Deus para sua vida. A Bíblia ensina quem Deus é; e ainda revela o Seu caráter. Depois de conhecer a Deus por intermédio da fé em Jesus, a pessoa entra pela porta do Reino e vai desbravando-o via conhecimento do conteúdo bíblico.

No livro *Adoração Bíblica*, o dr. Russell Shedd nos ajuda a compreender este ponto: "Escutamos a voz do Senhor na hora em que nos sintonizamos com a voz dos profetas e apóstolos. Deus os escolheu para serem transmissores do seu recado. Quando Deus falou a Moisés, Davi, Daniel, Pedro, João, Paulo, sua mensagem foi destinada a um círculo maior do que os primeiros ouvintes ou destinatários, leitores específicos do recado. Imagine o pai que faz uma chamada telefônica a seu filho. Outro filho, impulsionado pelo desejo de saber o que o pai está falando, silenciosamente passa a ouvir a conversa que se dirige a ele também. O mesmo ocorre em nossos dias. Lemos o que Jesus disse a Pedro de uma forma direta e particular, e o Espírito torna essa mensagem a voz de Deus, direta e particularmente, a nós também."[4]

Aquele que submete a sua vida, nos pequenos detalhes, à Palavra do Senhor, por certo, irá conhecê-lo mais, pois ficará cada vez mais parecido com Jesus. São muitos os versículos da Palavra que testificam da própria Palavra e que nos incentivam a conhecer a Deus:

- "Seca-se a erva, e murcha a flor; mas a Palavra de nosso Deus subsiste eternamente" (Isaías 40:8). A Palavra de Deus é eterna.
- "Para sempre, ó Senhor, a tua Palavra está firmada nos céus" (Salmos 119:89). A Palavra de Deus é eterna e leva a conhecer a eternidade.
- "Lâmpada para os meus pés é a tua Palavra, e luz para o meu caminho" (Salmos 119:105). A Palavra de Deus é luz para o caminho.
- "Porque a Palavra de Deus é viva e eficaz, e mais cortante do que qualquer espada de dois gumes, e penetra até a divisão de alma e espírito, e de juntas e medulas, e é apta para discernir os pensamentos e intenções do coração" (Hebreus 4:12). A Palavra de Deus é viva e eficaz.
- "Quanto a Deus, o seu caminho é perfeito, e a Palavra do Senhor é fiel; é ele o escudo de todos os que nele se refugiam" (2Samuel 22:31). A Palavra de Deus é fiel.

[4]SHEDD, Russell. *Adoração bíblica.* São Paulo: Edições Vida Nova, 2007. Pág. 51.

- "Tomai também o capacete da salvação, e a espada do Espírito, que é a Palavra de Deus" (Efésios 6:17). A Palavra de Deus é a espada do Espírito.

Desde a Antiguidade, Deus colocou a Sua Palavra no coração dos homens. Cada história foi sendo transmitida de pai para filho, até que Moisés as compilou no Pentateuco, os cinco primeiros livros da Bíblia, que os judeus chamam de Torá. Esta palavra transliterada do hebraico significa: instrução, ensino, direção, lei, preceito. Depois, por intermédio de diferentes homens que escutaram e entenderam a voz do Pai, outros livros foram escritos até se completarem os 66 títulos que compõem a Bíblia como a temos hoje.

Conhecemos a Deus quando lemos a Palavra e percebemos a Sua mão em cada fato. A importância da leitura bíblica está em que, enquanto a lemos, o Espírito Santo cria paralelos necessários e nos motiva a aplicarmos os conceitos bíblicos na prática. Gradativamente este processo vai gerando fé no coração.

Conhecemos a Deus quando interpretamos a Palavra. E quem nos ajuda nessa tarefa é o próprio Espírito Santo, fazendo com que os princípios bíblicos se tornem fundamentos em nossa vida. Diferente da leitura de qualquer outro livro, a interpretação bíblica exige mais tempo, análise e até mesmo a ajuda de outras pessoas. Neste ponto, tive a bênção de sempre ter ao meu lado dois homens de Deus, que constantemente, me ajudaram a compreender o texto sagrado de forma ampla. Assim minha fé foi crescendo embasada em uma interpretação segura, e isso fundamentou o meu caminhar.

Também conhecemos a Deus crendo no poder existente na Palavra. É um poder que não pode ser visto. Quando lida, proclamada, pensada ou cantada, em qualquer lugar do mundo, a Palavra de Deus não volta vazia, ela cumpre o seu propósito de ensinar ao mundo o poder de Deus. "Assim será a palavra que sair da minha boca: ela não voltará para mim vazia, antes fará o que me apraz, e prosperará naquilo para que a enviei" (Isaías 55:11). A Palavra não voltar vazia significa que ela de fato muda a nossa vida. Como bem escreveu D. L. Moody: "As Escrituras não foram dadas para aumentar nosso conhecimento, mas para mudar nossa vida."[5]

Muitos são os milagres relacionados ao conhecimento de Deus pela simples leitura da Bíblia ou parte dela. No interior do Irã, por exemplo, certo irmão me contou que uma tribo inteira conheceu a Jesus da forma mais inusitada. Tudo começou quando um pacote de bíblias foi confiscado por policiais e destruído numa grande fogueira à beira de uma estrada próxima àquela tribo. Dias depois, após uma tempestade de areia, a vila foi inundada por páginas da Bíblia escritas na língua nativa; algumas parcialmente queimadas. Todos se interessaram pelos escritos trazidos pelo vento e assim conheceram a Palavra de Deus. Este é o poder sobrenatural e transformador da Palavra de Deus que se revela em uma página, um folheto, um CD.

Conhecemos a Deus por intermédio do Espírito Santo

Jesus revelou a seus discípulos a promessa do Espírito Santo com as seguintes palavras: "[...] o Espírito da verdade vos guiará a toda a verdade" (João 16:13). A principal verdade que o Espírito nos revela é acerca do próprio Deus. Somente por Ele o homem tem uma revelação mais ampla das coisas eternas e divinas.

Quando eu ainda era um dependente químico, lembro-me de um fato ocorrido, quando estava na casa de um amigo, e olhava pela

---

[5]BLANCHARD, John. *Pérolas para a vida*. São Paulo: Edições Vida Nova, 1993. Pág. 49.

janela a chuva cair. Movido por algo sobrenatural, peguei um violão que por ali estava e compus minha primeira música para Cristo:

> "Cristo, esta chuva que cai, por certo, são Teus olhos
> Que agora choram por causa de Teu sofrimento,
> Que quando foi esquecido por nós, Te faz chorar.
> Cristo, a cruz de outrora não será esquecida por mim
> Porque ainda eu vou proclamar Tua Palavra
> A todos, ao mundo."
>
> Esta chuva que cai
Asaph Borba — 1973

Até hoje, quando me lembro dessa música e, principalmente de sua letra, perguntando-me de onde ela veio em meu coração? Naquela época, eu estava totalmente afastado de Deus, afundado nas drogas e totalmente sem fé. Foi algo repentino, em meu espírito; uma chama se acendeu e nasceu uma canção. Hoje, entendo que quem fez aquilo foi o Espírito Santo que, independente de onde estamos, ou como estamos, nos revela o Pai e a Cristo. O Espírito faz com que cada um de nós tenha fome e sede de Deus. Ele se move por toda a Terra preparando os corações para receberem a revelação de Deus pela mensagem de Cristo. Em diversas partes do mundo, por exemplo, ouve-se falar acerca de pessoas que simplesmente sonham com Cristo e começam a buscá-lo de todo coração. O próprio Espírito de Deus se manifesta a essas pessoas fazendo com que tenham desejo de conhecer a Cristo. Quando elas se encontram com um cristão, relatam o sonho que tiveram e, a partir de então passam a ser discipuladas no conhecimento de Deus.

Por esta causa, Jesus soprou o Espírito não apenas sobre os discípulos, mas sobre o mundo. Juntamente a Igreja, Ele traria a revelação e o conhecimento de Deus para todos da Terra. Eis por que somos desafiados pelo apóstolo Paulo a nos "encher do Espírito" (Efésios 5:18). Quando a Igreja se enche da presença sublime do Espírito, ela entra em outro patamar do conhecimento de Deus, e isso a levará, por certo, a outra esfera espiritual maior ainda, que fará com que experimente das riquezas insondáveis tanto da sabedoria quanto do conhecimento do Eterno.

Só o Espírito Santo pode promover uma comunhão verdadeira e profunda entre o homem e Deus. Jesus dá uma chave em Mateus 6:6 quando ensina orar: "Mas tu, quando orares, entra no teu aposento e, fechando a tua porta, ora a teu pai que está em secreto; o teu Pai, que vê em secreto te recompensará." O Pai está à espera não apenas da voz de seus filhos, mas quer vê-los de perto e sondar seus corações. Ele se faz presente no secreto mais do que em qualquer outro lugar.

Conhecemos a Deus por intermédio do Corpo de Cristo

Cada pessoa que aceita a Jesus como Senhor e Salvador de sua vida passa a fazer parte da Igreja, que é chamada Corpo de Cristo. Em 1Coríntios, Paulo explica que todos somos membros do mesmo Corpo, ou seja, cada pessoa é um pedacinho desse Corpo e tem sua importância e valor. O conhecimento de Deus nunca será completo sem que haja vida no meio do Corpo de Cristo, compartilhamento entre os irmãos. Muitos pensam que, sozinhos, podem ter a revelação completa do Pai. Isso é uma mentira semeada pelo Inimigo. Se não houver integração entre os membros do Corpo, a revelação de Deus será sempre limitada.

Em função do trabalho missionário que realizo mundo afora, tenho oportunidade de constatar essa verdade, tanto na igreja local quanto mundial, pois tenho sido tremendamente enriquecido na interação com irmãos, desde a igreja em Porto Alegre, passando pelos estados brasileiros e as Américas, até o Oriente Médio, por mais de 30 anos.

Grande parte do conhecimento que tenho acerca do amor de Deus adquiri na igreja. Conheci o amor Dele como Pai, pelos ensinamentos de meus pais espirituais; conheci a Deus como amigo no convívio com Don Stoll, grande companheiro de todas as horas; conheci o Deus da família convivendo com minha esposa Rosana, meus filhos Aurora e André, bem como, com meus irmãos da igreja em Porto Alegre. Assim fui distinguindo cada faceta do caráter de Deus por intermédio da sua igreja. Na vida de cada irmão existe um pouquinho de Deus. Quanto mais perto dos irmãos estou, mais perto de Deus estarei.

Concluo com três citações que se completam. "A igreja é o Corpo de Cristo; o corpo de um homem leva o mesmo nome de sua cabeça."[6] "Cristo amou a igreja e a si mesmo se entregou por ela para santificá-la e purificá-la, não para condená-la. Ele não a aborrece, mas cuida da Sua Igreja, pois é o Seu próprio corpo" (Efésios 5:25-33). "Se amamos ao Senhor devemos também amar aquilo que Ele ama."[7]

---

[6]BLANCHARD, John. *Pérolas para a vida*. São Paulo: Edições Vida Nova, 1993. Pág. 199.
[7]LABATUT, Farley P. *Geração de Adoradores*. Curitiba: Editora AD Santos, 2008. Pág. 63.

CAPÍTULO DOIS

Por que adoramos?

"Sim, eu sei, Senhor, que Tu és soberano,
Tens os Teus caminhos, tens Teus próprios planos.
Venho, pois, a cada dia, venho cheio de alegria,
E me coloco em Tuas mãos, pois és fiel."

Infinitamente mais
Asaph Borba — 1988

Inúmeras vezes somos confrontados com a questão "Por que devemos adorar a Deus?" Esta pergunta intriga as mentes porque todos sabemos que Deus é suficiente em Si mesmo; e não apenas em Sua grandeza e majestade, mas em tudo. Deus não precisa de nossos sacrifícios de louvor e de adoração para ter alegria e sentir-se feliz. Ele não precisa de nossas expressões de amor para sentir-se amado, pois Ele é o próprio amor (1João 4:8). Antes de cada um de nós existirmos, Deus já existia em sua plenitude e era perfeito, assim como Seu Filho e o Espírito Santo que participavam dessa plenitude eterna. Conforme Paulo explana em Colossenses 1:16: "Nele (em Cristo) foram criadas todas as coisas nos céus e sobre a terra, as visíveis e as invisíveis, sejam tronos, sejam soberanias." Cristo é, junto ao Pai e o Espírito Santo, a fonte e a plenitude de todas as coisas, inclusive, de todo louvor, toda a adoração, toda a alegria e júbilo. Por isso, Jesus disse que Deus não procura adoração, pois isso Ele já tem no Céu (Isaías 6:1-3). Deus procura por seus filhos, que se tornam os adoradores (João 4:23-24).

O que vem ao meu coração ao meditar sobre isso é que, acima de tudo, existe algo na adoração que é de vital importância não para Deus, mas para nós, os adoradores. Por isso, Deus, em sua onisciência e plenitude, está procurando por adoradores que o adorem em Espírito e em verdade. A razão dessa procura é o fato de que a atitude da verdadeira adoração só existe como fruto de uma sincera comunhão, como um precioso elo entre a criatura e Criador, entre os filhos e o Pai.

Herbert M. Carson afirma que: "A adoração é o reconhecimento da criatura acerca da grandeza do seu Criador".[1] Tudo, portanto, está na atitude do coração do adorador. Deus está interessado em que exerçamos o nosso livre arbítrio de optarmos por sermos ou não adoradores. Ele governa todas as coisas e poderia ter feito de cada um de nós seus adoradores como são os anjos e toda a criação — servos que O adoram contínua e ininterruptamente. Deus, entretanto, nos deixou a opção, de sermos ou não, por escolha própria. Ao optarmos por Cristo, optamos também por Deus. Todos que se aproximavam de Cristo ouviram a expressão "Segue-me!" Nada com Ele era forçado. Nisto consiste a beleza e grandiosidade deste processo: Nós escolhemos adorar a Deus por amor.

Quase todas as religiões falam de vida eterna, porém sem Jesus. O adorador é aquele que escolhe servir a Deus, optando, primeiramente, por Cristo e pelo Seu Reino. Ele opta em ter com Deus um relacionamento que não é imposto por vontade divina, mas é

---

[1]BLANCHARD, John. *Pérolas para a vida*. São Paulo: Edições Vida Nova, 1993. Pág. 11.

uma livre escolha de amor, assim como o relacionamento de uma noiva com um noivo. A parte de Deus é completa e perfeita. Seu amor por nós é inquestionável. A verdadeira adoração é uma opção voluntária de nos abrirmos ao Seu maravilhoso amor. Se não fosse assim, por que Deus estaria procurando verdadeiros adoradores? Qual é a nossa opção? Deus governa sobre todas as coisas, menos sobre a nossa opção de adorá-Lo ou não. Evidentemente que de fato Deus governa sobre todas as coisas e, se quisesse, mudaria até mesmo a nossa vontade. Mas Ele a respeita.

Adoração é algo que apesar de satisfazer e alegrar a Deus, também beneficia ao homem, pois este, ao optar por Deus, está cumprindo a sua parte neste enlace de amor. Adoração emana do amor. Deus quer ser amado por nós. O que traz eficácia na adoração é o amor. F. F. Bruce bem escreveu: "O amor e a obediência a Deus estão de tal maneira entrelaçados um com o outro que a existência de um implica a presença do outro."[2]

O que dá conteúdo e valor eterno às nossas expressões de adoração é o amor que expressamos como resposta à aliança e compromisso que temos para com Deus. "Amarás o Senhor teu Deus com todo o teu coração, com todas as tuas forças, alma e entendimento" (Deuteronômio 6:5).

Em seu livro "Louvor, Adoração e Liturgia", Rubem Amorese esclarece que "a palavra adoração traz conotações mais íntimas e afetivas que apontam para expressões de amor (ágape). Ela não se materializa em liturgia, embora esteja na gênese do louvor e da liturgia. A adoração, assim como o amor, não se vê. O que aparece é seu resultado exterior, como expressão dramática da intimidade."[3]

---

[2]BLANCHARD, John. *Pérolas para a vida*. São Paulo: Edições Vida Nova, 1993. Pág. 20.
[3]AMORESE, Rubem. *Louvor, adoração e liturgia*. Viçosa: Editora Ultimato, 2004. Pág. 25.

Como estudamos no capítulo anterior, o principal objetivo de Satanás é roubar a glória devida a Deus. Para isso ele tem tentado de todas as formas usurpar e deturpar o culto a Deus. Quando não consegue destruí-lo, então ele trabalha de forma incessante, limitando todas as expressões da Igreja, misturando-a o máximo possível às culturas, tradições e padrões humanos. Dessa forma, ganha tempo distanciando a Igreja do propósito que é a adoração a Deus. Assim foi com o povo de Israel e, depois, com a Igreja nascida no livro de Atos. Sutilmente, a idolatria foi se infiltrando no culto e, gradativamente, corrompeu o entendimento dos líderes e crentes em geral. A forma pagã e judaica de templo foi sendo imposta à Igreja como lugar de adoração, fazendo com que os templos vivos, que somos nós, os redimidos (1Coríntios 3:16), fôssemos reduzidos a simples participantes. Geração após geração, homens têm criado imagens de todas as formas para serem colocadas como intermediários entre Deus e suas criaturas, quando, na verdade, Jesus é o único mediador (1Timóteo 2:5).

Felizmente, nos dias atuais, o Pai está reacendendo toda a verdade, como também tudo que diz respeito à nossa vida de comunhão com Ele, incluindo vida de adoração. Podemos afirmar que a intermediação tem acabado, pois Cristo Jesus, nosso único mediador, tem levado a Igreja a um novo entendimento. Isto fez surgir por todo o mundo um novo culto, fruto da verdadeira adoração Àquele que é digno. Como foi dito por Ele mesmo: "Ninguém vem ao Pai senão por mim" (João 14:6).

Quando Jesus aponta o Pai, na verdade, está focalizando também a si mesmo — "Quem vê a mim vê ao Pai" (João 14:9). Mais à frente também direciona para o Espírito Santo: "Mas o Ajudador, o Espírito Santo a quem o Pai enviará em meu nome, esse vos ensinará todas as coisas, e vos fará lembrar tudo quanto eu vos tenho dito" (João 14:26). Dessa forma, a Trindade é, como um todo, o foco maior da nossa adoração e a quem nos achegamos com liberdade e amor. Entendemos assim que a adoração é um caminho que trilhamos com Cristo e o Espírito, na direção do coração de Deus Pai.

ADORAMOS PORQUE AMAMOS A DEUS

"Eu te amo, ó Senhor, força minha" (Salmos 18:1). A maior característica dos adoradores não é a sua forma de cantar e louvar, mas sim, o profundo amor que esses têm por Deus. Darlene Zschech realça em seu livro *Adoração Extravagante* que a canção pura sai do coração que anseia por mais de Deus e menos de si mesmo.[4]

A verdadeira adoração acontece quando a fé cresce no coração de cada pessoa transformando-se em sublime e verdadeiro amor. O que chama a atenção na vida de homens como Abraão, Davi, os profetas e os discípulos de Jesus, é o amor que tinham por Deus, a ponto de entregarem suas próprias vidas por Ele. Davi expressa esse amor, os profetas também o fazem, assim como Jesus que, constantemente, externava Seu amor incondicional ao Pai. Sua vida foi em tudo direcionada por esse amor que se transformou em uma vida prática de devoção, adoração, submissão e, principalmente, obediência e sacrifício (João 4:34).

Quando falo desse amor, refiro ao amor que Deus coloca no coração de cada um de nós, seus filhos, pelo Espírito Santo que nos leva a uma comunhão que não pode ser quebrada por nada deste mundo. Em Romanos 8:35, Paulo pergunta: "Quem nos separará do amor de Cristo? A tribulação ou a angústia, ou a perseguição, ou a fome ou a nudez, ou o perigo, ou a espada?" E conclui nos versículos 38 e 39: "Pois estou bem certo de que, nem a morte,

---

[4] ZSCHECH, Darlene. *Adoração extravagante*. Belo Horizonte: Editora Atos, 2004. Pág. 22.

nem a vida, nem os principados, nem as potestades, nem o presente nem o porvir, nem altura, nem alguma outra criatura nos poderá separar do amor de Deus que está em Cristo Jesus nosso Senhor." Este amor do qual Paulo fala é um amor sobrenatural que brota da própria presença do Pai em nós, que nos faz amar a Deus acima de todas as coisas. Moisés repetidamente ordenava ao povo: "Amarás, pois, o Senhor teu Deus" (Deuteronômio 11:1). Diversas vezes, Israel foi lembrado acerca da importância desse amor. Agora, pela graça, nós podemos fazê-lo por meio do Espírito Santo.

Mas o que é para nós amar a Deus? Quanto realmente o amamos? Quando, por exemplo, passamos por provações, esse amor está sendo provado. Se o fato de estar bem ou mal financeiramente interfere nesse amor a Deus, pode ser um sinal de que devemos rever os fundamentos do nosso amor para com Deus.

Quando Aurora, minha filha primogênita, tinha quase três anos, descobrimos que ela desenvolvera uma doença chamada Síndrome de Prader-Ville; incurável, segundo os médicos. Esta descoberta trouxe muito sofrimento e dor a mim e à minha esposa Rosana. Minha tendência natural e imediata foi questionar a vontade de Deus sobre o assunto. Algumas vezes, cheguei a ficar triste e inconformado com o Pai. Achei que Ele havia permitido algo injusto e duro. Junto a tudo isto, vinha também a culpa por coisas de meu passado mergulhado nas drogas. Porém, um dia, ouvi em meu coração a pergunta: "Asaph, tu me amas acima desta enfermidade?" Confesso que sempre que Aurora manifesta uma nova faceta do problema, tenho que responder novamente a essa questão: "Sim, Senhor, eu te amo acima de tudo isso e também de qualquer outro problema." Quando assim respondo ao Pai, estou reconhecendo a Sua soberania, conforta meu coração e me faz entender que "todas as coisas cooperam para o bem daqueles que o amam" (Romanos 8:28). Deus ainda não a curou e nem sabemos se um dia o fará, mas não duvidamos mais do Seu amor, e sabemos que nossa filha, do "jeitinho" que ela é, tem sido para nós uma expressão desse maravilhoso e divino amor.

Adoração é, portanto, uma resposta de amor crescente a Deus. Como o amor de Abraão que estava disposto a sacrificar o próprio filho. Quem entrega, confia; e quem confia, descansa.

ADORAMOS PORQUE SOMOS GRATOS

A princípio, todo adorador tem um coração grato porque vive 1Tessalonicenses 5:18: "Em tudo dai graças, pois esta é a vontade de Deus para convosco." O amor que sentimos pelo nosso Deus e que nos leva a adorá-lo também pode ser expresso em forma de gratidão.

No Livro dos Salmos aprendemos que devemos "entrar por suas portas com ações de graças" (Salmos 100:4). Ações de graças são expressões de gratidão que nos levam a ter um coração grato a Deus em qualquer situação. É um sublime incenso de amor que também nos faz reconhecer a soberania de Deus sobre todas as coisas. Já dizia Shakespeare: "A gratidão é o único tesouro dos humildes".[5] A linguagem deste mundo é a murmuração; a gratidão é, porém, fruto dos lábios e corações que conhecem a Deus. Nosso louvor tem que ser fruto desta gratidão constante.

Quando me converti, ganhei de meu pastor Erasmo Ungaretti o livro *Louvor que liberta*. Esse livro tinha como principal enfoque a expressão do louvor e gratidão em qualquer situação. Desse livro entendi que, quando somos gratos, reconhecemos a soberania de Deus. Assim como o amor, a gratidão sempre nos aproxima do coração de Deus.

---

[5]Disponível em: <http://www.webfrases.com/ver_frase.php?id_frase=0b362be4>. Acesso em 28 setembro 2012.

ADORAMOS POR OBEDIÊNCIA

A obediência é outro fruto de nosso amor pelo Senhor. Um verdadeiro adorador tem prazer em obedecer a vontade do Pai. Jesus disse que "sua comida e bebida era fazer a vontade daquele que o enviou" (João 4:34). Isso significava dizer que fazer a vontade de Deus era seu maior prazer. Acima de Sua própria vontade, Cristo queria obedecer. Aliás, a Palavra nos diz que Ele foi obediente até a morte e morte de cruz. A Sua vida de adoração não foi nutrida de conceitos semelhantes aos que, muitas vezes, impomos à nossa adoração como, música ou palavras, mas sim, demonstrada por um amor incondicional, expresso em obediência.

A Bíblia constantemente nos relembra da importância do obedecer. Às vezes, até mesmo sem vontade, sem entendermos os porquês e as razões. O texto de 1Samuel 15:22 nos ajuda a entender melhor este ponto. "Tem, porventura, o Senhor tanto prazer em holocaustos e sacrifícios quanto em que se obedeça à sua palavra? Eis que o obedecer é melhor que o sacrificar, e o atender melhor que a gordura de carneiros." A grande diferença entre o sacrifício da Lei de Moisés e o novo sacrifício que nesse texto Deus começa a mencionar é a obediência requisitada a todos nós que Lhe agrada bem mais que os antigos sacrifícios, ou mesmo os nossos sacrifícios de louvor, que tanto queremos elevar ao Pai. Obediência, portanto, precisa ser o enfoque central na adoração.

ADORAMOS PORQUE CONFIAMOS

Os dois aspectos anteriores — gratidão e obediência — só podem ser gerados em nosso coração, quando existir fé, afinal, "sem fé é impossível agradar a Deus" (Hebreus 11:6). Adoração também é fruto de fé. Sem crermos de uma maneira total em Deus, não poderemos adorá-lo como Ele é digno de ser adorado. "Nós adoramos Àquele em quem confiamos, e confiamos em quem conhecemos", afirma David Jeremiah.[6] Também por essa razão o Inimigo sempre tenta roubar a nossa fé. Podemos ter muita gratidão e obediência, porém somente agradaremos totalmente a Deus se nos achegarmos ao Seu trono de graça confiando que Ele é e sempre será "poderoso para fazer infinitamente mais do que tudo quanto pedimos ou pensamos pelo seu poder que opera em nós" (Efésios 3:20). Adoramos porque cremos. Como bem afirmou F. B. Meyer: "Fé é o poder de colocar o eu de lado para que Deus possa atuar sem impedimentos."[7]

Crer, entretanto, não é algo automático. A fé é uma semente de Deus em nosso coração, a qual, as artimanhas deste mundo e das trevas, constantemente, tentam nos roubar. Quando isso acontece, surge, então, o que chamamos de incredulidade. Jesus falou desta semente de fé como um grão de mostarda que é pequeno, mas forte o suficiente para crescer e se tornar grande e vigoroso. Ele nos disse ainda que tudo que pedíssemos em Seu nome Ele seria fiel para realizar, colocando assim um fundamento sólido para nossa fé: a Sua fidelidade. Somos fiéis porque Deus e Sua Palavra são. "Fiel é Deus, pelo qual fostes chamados para a comunhão de seu Filho Jesus Cristo nosso Senhor" (1Coríntios 1:9).

ADORAMOS PORQUE ELE É DIGNO

Em português a palavra "digno" aponta alguém que merece respeito, reverência e consideração. "Adorar a Deus é tributar a Ele dignidade suprema, pois só Ele é digno" (Ralph P. Martin).[8] Basicamente, Deus é digno de adoração por quatro razões.

---

[6]JEREMIAH, David. *O desejo do meu coração*. Rio de Janeiro: CPAD, 2006. Pág. 193.
[7]BLANCHARD, John. *Pérolas para a vida*. São Paulo: Edições Vida Nova, 1993. Pág. 161.
[8]HUGHES, Russ. *O poder através da adoração*. Rio de Janeiro: Editora Danprevan, 2005. Pág. 11.

Ele é digno por ser o criador de tudo e de todos

Apenas esta razão encerraria nossa meditação, pois debaixo de Sua grandeza e glória tudo foi criado de forma tremenda. Tudo que Deus criou foi com perfeição e amor. Isto podemos perceber desde uma pequenina planta até os confins do universo. Uma das coisas que mais gosto de fazer é contemplar a criação. Desde pequeno, andando com meu pai pelos campos do interior do Rio Grande do Sul, aprendi a parar e apreciar um rio, uma floresta, borboletas, o céu e o mar. No decorrer da vida, depois que a fé nasceu e cresceu em meu coração, passei a enxergar ainda mais o quanto a criação é linda e manifesta a glória do Eterno (Salmos 19:1-2).

Ele é digno por ser o nosso sustentador

Deus não apenas nos criou, como, a cada dia, tem sustentado a todos — homens, plantas, animais, pássaros, peixes, e todos os astros. O autor de Hebreus nos relembra isso: "[...] e sustentando todas as coisas pela palavra do seu poder [...]" (Hebreus 1:3b). Outro verso lembra especificamente aos cristãos essa verdade: "Aos seus amados, Deus dá enquanto dormem" (Salmos 127:2).

Ele é digno por ser o nosso salvador

A. W. Pink declara que nenhum pecador jamais foi salvo por ter dado o coração a Jesus. Não somos salvos por termos dado, mas, sim, pelo que Deus deu.[9] Por causa do pecado o homem se perdeu e se afastou de Deus — "Todos pecaram e carecem da glória de Deus" (Romanos 3:23). Mas, mesmo estando o homem morto no pecado, Deus não o deixou perdido. Por intermédio de Jesus Ele promoveu o resgate: "Porque Deus amou ao mundo de tal maneira

---

[9]BLANCHARD, John. *Pérolas para a vida*. São Paulo: Edições Vida Nova, 1993. Pág. 355.

que deu seu filho unigênito, para que todo aquele que nele crer não pereça, mas tenha a vida eterna" (João 3:16).

Ele é digno, pois é o nosso Pai

A teologia bíblica é clara ao ensinar que todos aqueles que tiveram um encontro real com Cristo e o aceitaram como Senhor e Salvador de suas vidas se tornaram filhos de Deus. "Todos quantos o receberam deu-lhes o poder de se tornarem filhos de Deus, a saber, os que creram no seu nome" (João 1:12). Agora, como filhos, podemos honrá-lo, louvá-lo e adorá-lo com total liberdade e amor, pois Ele é digno. "O Criador de todas as coisas é meu Pai."[10]

---

[10] PACKER, J. I. *O Conhecimento de Deus*. São Paulo: Mundo Cristão, 2005. Pág. 199.

CAPÍTULO TRÊS

Qual é o lugar da adoração?

Agora, eu posso entrar em Tua presença
E Te adorar em Tua presença
Através de Jesus, novo e vivo caminho
Para os Teus átrios, meu amado Pai.

Agora, eu posso entrar
ASAPH BORBA — 2001

Tal qual a muitos da minha geração, cresci pensando que adoração fosse, principalmente, uma forma diferente de cantar para Deus. Depois da hegemonia dos hinos, vieram os "corinhos", em seguida, os cânticos, mas a visão continuou a mesma: música é uma preparação para o culto principal. Não foram poucas as vezes que ouvi algum pastor dizer que, depois dos cânticos viria a parte mais importante do culto: a pregação da Palavra. Isso acontecia porque os cristãos desenvolveram um entendimento que coloca a adoração como uma forma e, até mesmo, como um estilo musical. Tal realidade dificulta a correta compreensão sobre qual é o verdadeiro lugar da adoração, tanto na vida pessoal quanto na Igreja.

Por outro lado, para pessoas que viveram noutro contexto litúrgico, adorar é uma ação mais contemplativa, que visa levar o homem a uma maior proximidade de Deus. Assim era para os monges medievais, por exemplo. Para eles a adoração era uma contemplação duradoura e reclusa que os levava a uma vida de total separação do mundo exterior, a ponto de alguns deles permanecerem, durante grande parte de suas vidas, em quartos solitários, confinados em clausuras, contemplando e adorando a Deus. Não posso afirmar que tais conceitos praticamente antagônicos estejam de todo errados, porém, sou convicto que adoração está além, muito além de formas e expressões pré-determinadas no tempo e no espaço, ou tenha algum estilo que seja o correto.

A Semente

A verdadeira adoração expressa uma verdade reflexiva que começa com Deus buscando o homem desde a sua criação e retorna com uma busca do homem ao Deus Criador. Tudo isso é fruto de uma semente que Deus plantou no coração de cada pessoa como está explícito em Gênesis 1:26-27. E Salomão confirma isso em Eclesiastes 3:11: "Tudo fez Deus formoso no seu devido tempo. Também pôs a eternidade no coração do homem, sem que este possa descobrir as obras que Deus fez desde o princípio até ao fim."

Antes de o Diabo plantar sua semente de rebelião e pecado no coração de Adão, Deus já havia plantado Sua preciosa semente, Sua imagem e semelhança e, acima de tudo, Seu sopro de fé e vida eterna (Gênesis 2:7). Em cada pessoa que nasce, esta semente já está presente, e permanece com ela por toda a vida. É a presença desta divina semente que leva o homem a querer buscar a Deus.

Mesmo não entendendo a totalidade e profundidade dessa busca, mesmo buscando da forma errada, desde o início da civilização, o homem sempre buscou a Deus. Ao estudarmos qualquer cultura, constataremos que nelas sempre existiram uma centralização na busca pela divindade, a busca do desconhecido, a busca do sobrenatural, enfim, da razão do existir e do santo. Essa busca movimentou a civilização gerando conhecimento, construções, e muitos outros benefícios, mas também problemas, tais como, guerras e o surgimento de inúmeras religiões.

No livro *O Fator Melquisedeque*, Don Richardson trata justamente desta questão da revelação original que deixou um importante rastro na memória dos povos denominados "primitivos". O autor argumenta que Deus deixou um testemunho profundo, que pode e deve ser aproveitado como ponto de contato, tratando com amplitude científica dois aspectos desse testemunho: por um lado, a lembrança de um Deus bom e soberano; por outro, a ideia persistente de um emissário que trará um livro sagrado. Portanto, nenhuma atividade humana teve mais relevância que a busca pelo divino no decurso da história humana.[1]

Quando um nativo se prostra diante do sol, no seu interior está buscando a Deus. Quando faz sacrifícios pagãos às mais diferentes divindades e entidades, tudo isso é parte dessa busca incessante pelo Criador. Até hoje, seguimentos mais radicais, principalmente do islamismo, fazem de sua busca a Alá e a implantação de sua fé, um assunto que preocupa, ameaça e movimenta nossa geração.

O Diabo, sabedor da existência dessa semente, procura fazer com que o homem se satisfaça com mentiras e ilusões. Como é o caso das seitas e religiões que tentam transferir o poder de Deus para as diferentes entidades que nada mais são do que espíritos enganadores. Eles tentam anular o sangue de Cristo, trocando-o por sangue de animais ou qualquer outro sacrifício. Todavia, nada disso ou qualquer outro sofisma poderá anular ou substituir a semente divina no coração do homem; nem mesmo os ídolos modernos, como o dinheiro, o conforto, o lazer e os prazeres poderão fazê-lo.

---

[1] RICHARDSON. Don. *Fator Melquisedeque*. São Paulo: Editora Vida Nova, 1986.

Em Efésios 1:5,12,14, Paulo escreve que todo homem foi criado para a glória de Deus. A partir deste entendimento, podemos afirmar, sem dúvida alguma, que toda criatura humana nasceu para ser um adorador do Deus vivo e único. Assim sendo, o objetivo principal de cada pessoa que nasce neste mundo é ter comunhão com o Eterno. Essa semente pode até ser amortecida ou apagada, mas nunca poderá ser retirada. Deus não criou o homem somente para povoar o mundo e governá-lo, mas para viver em constante adoração, usufruindo desse relacionamento de Pai e filho. Os homens que compuseram a famosa Confissão e o Catecismo de Westminster (século XVII) acreditavam que "o principal alvo do homem era glorificar a Deus e alegrar-se nele eternamente".[2]

Desde o princípio, o objetivo do Pai era fazer da Terra a continuidade do Céu. Michael Coleman, adorador que presidiu o Integrity Hosanna Music, sempre começa suas palestras afirmando: "A única coisa que fazemos na Terra e continuaremos a fazer no Céu é adorar." O Céu é um lugar de comunhão entre o Pai, o Espírito Santo e o Filho, que é o primogênito entre muitos irmãos (Romanos 8:29). Na Terra este objetivo é cumprido pela ampliação da família de Deus que é formada por muitos filhos iguais a Cristo.

Às vezes, fico tentando imaginar a tremenda experiência que tinha Adão quando estava face a face com Deus, caminhando na viração do dia, em comunhão com o Eterno. Ele podia falar, perguntar, e ser ensinado diretamente pelos lábios de Deus. Pensar que tudo isso foi jogado fora por causa do pecado me entristece, pois a quebra dessa comunhão fez com que o homem ficasse espiritualmente morto e só pudesse ser vivificado novamente pelo próprio Deus, na plenitude dos tempos.

[2]SHEDD, Russell. *Adoração bíblica*. São Paulo: Edições Vida Nova, 2007. Pág. 11.

Desde os primeiros relatos do Antigo Testamento, vemos Deus pacientemente preparando o seu povo para cumprir este grande propósito que é a formação desta grande família com quem Ele poderá, enfim, ter intimidade e comunhão. Adão e Eva seriam os primeiros e depois muitos viriam, porém, Deus já havia nos incluído em seu plano de amor e comunhão antes de qualquer um de nós existir; antes até mesmo do homem pecar. Contudo, com a quebra da comunhão, a restauração da humanidade passou a ser o grande objetivo de Deus em relação a nós. O cumprimento desse propósito divino, na verdade, foi apenas adiado por um tempo, pois a opção pelo pecado retardou, mas não anulou a realização desse plano. Quando o objetivo de restauração foi perfeitamente alcançado por intermédio de Jesus, a semente de Deus foi restaurada e vivificada pela fé gerada em cada um pelo Espírito Santo para salvação de todo aquele que crê. Desta forma, o homem pôde ser reabilitado para o eterno propósito de Deus, o que lhe possibilitou novamente fazer parte da família de Cristo, recebendo, assim, a vida eterna.

Jesus disse em João 4:23 que "vem a hora e já chegou". Esta hora bendita se refere justamente ao momento em que os homens poderiam voltar a uma restauração completa de sua comunhão com o Pai por intermédio do Seu sacrifício na cruz. Por isso, adoração é também comunhão. Darlene Zschech conta que "nada se compara a estar na presença de Deus, sentar-se aos seus pés, passar momentos com a Palavra de Deus e deixá-la habitar em nós com sua riqueza. Nada substitui isso. Nada substitui sua relação com Cristo".[3] Só pode ter comunhão quem é vivificado pelo crer na salvação em Cristo Jesus e, assim, se torna num verdadeiro adorador. "Mas a

---

[3] ZSCHECH, Darlene. *Adoração extravagante*. Belo Horizonte: Editora Atos, 2004. Pág. 24.

todos quantos o receberam, deu-lhes o poder de se tornarem filhos de Deus, a saber: os que creem no seu nome" (João 1:12).

Qualquer pessoa pode louvar a Deus; qualquer criatura pode fazê-lo, mesmo sendo um ser inanimado, um astro luzente que, pelo simples fato de existir e brilhar, já traz louvor ao Criador. Uma das expressões da natureza que mais me inspiram a louvar é o canto dos passarinhos. Até Jesus falou neles ressaltando sua beleza e o cuidado de Deus para com eles. Um fim de tarde com a passarada cantando é um verdadeiro culto de louvor a Deus. Todavia, adorar é diferente, pois é uma atitude consciente do espírito e do coração que tem Cristo como Salvador. Portanto, o sacrifício de Cristo é que tornou possível que a semente de Deus em nosso ser fosse, então, vivificada e, dessa forma, o Pai pudesse, enfim, reencontrar seus filhos como verdadeiros adoradores. Assim, o coração de cada um se tornou o lugar do culto e da adoração.

Somos o templo do Espírito Santo

Quando Cristo morreu na cruz, o véu que separava o Átrio do Santo dos Santos rasgou-se de alto a baixo tornando-se duas partes (Mateus 27:51). Alguns argumentam que, com esse ato, Deus estava terminando com o judaísmo, ou seja, a aliança com os judeus estava encerrada. Independentemente disso, básico é compreender que o véu rasgado tem a ver com a nossa fé e com a obra da cruz. O significado desse ato é que Deus restaurou o homem e a sua comunhão com o Divino.

Quando o véu se rasgou Deus estava dizendo: não necessito mais de sacrifícios de animais, nem de um templo ou um santuário onde um só homem pode entrar. Coloquialmente Deus estava dizendo: "Estou de mudança. Vou para a minha morada definitiva onde sempre quis estar." Quando Jesus bradou "está consumado" era o próprio Deus dizendo que não precisava mais de uma

Arca ou de um lugar de adoração construído de pedras e madeira, pois, a todos quantos, a partir de agora, crerem no nome de Jesus lhes será dado o privilégio de se tornarem filhos amados de Deus. Como consequência desse ato de fé em Jesus, um novo fenômeno passou a acontecer na vida do homem: o Espírito Santo passou a habitar dentro daquele que crê. "Não sabeis que sois santuário de Deus e que o Espírito de Deus habita em vós?" (1Coríntios 3:16). Cada filho de Deus, agora, se tornou santuário do Espírito Santo de Deus. E se somente os filhos de Deus se tornam seus santuários, portanto, apenas esses podem ser os verdadeiros adoradores a quem o Pai tanto procura. Confesso que esse entendimento, alcançado muitos anos depois de convertido, causou grande impacto em minha vida.

De imediato, tive a clareza de que não sou mais dono de mim mesmo; sou literalmente santuário de Deus. Meu corpo é lugar de Deus e para Deus. Eis aí razão suficiente para que ele seja constantemente santificado e preservado para Deus, separado para viver uma vida que em tudo agrade ao Pai, assim como fez Jesus. Sou depositário da presença de Deus por intermédio de seu Espírito que habita em mim (1Coríntios 6:19). "Tenhamos bem em mente que Deus vê nosso corpo como sua habitação. Portanto, além de glorificar o Senhor com nosso espírito, nós o exaltamos também pela forma como agimos com o corpo."[4]

Em segundo lugar, esse entendimento mudou minha maneira de estar com meus irmãos em Cristo. Não os vejo mais como simples "pessoas" ou "crentes", mas como santuários vivos de Deus, dignos de honra, cuidado e amor. Entendi mais profundamente por que a Palavra de Deus nos incentiva tanto a cuidar, honrar,

---

[4] HAYFORD, Jack. *Adoração e testemunho na vida do homem.* Belo Horizonte: Editora Betânia, 1997. Págs. 35, 36.

hospedar, servir, etc. e, principalmente, amarmos uns aos outros. Hoje, compreendo que tenho que fazê-lo não apenas por obediência, mas, sobretudo porque compreendo que cada vida é um templo vivo de Deus. Roger Williams já dizia: "Adorar significa amar nosso Pai celestial e também os irmãos em Cristo."[5]

O terceiro e último entendimento decorrente da compreensão de que sou santuário de Deus praticamente redirecionou minha vida ministerial. Se cada pessoa neste mundo foi chamada para ser além de resgatada e salva, também uma adoradora do Pai, sou também incumbido de levá-la a ser verdadeira adoradora. Particularmente, então, decidi ir além de ser um simples pregador da Palavra e me comprometer a resgatar templos vivos para Deus, transformando-os de templos profanos em santuários do Deus vivo.

O NOVO TEMPLO

Para alguém se tornar um verdadeiro adorador, não basta apenas o conhecimento puro e simples "sou templo" e pronto. É preciso que haja aprofundamento nesse conceito de forma que ele seja entendido na íntegra, à luz da Bíblia.

Primeiramente, o conceito universal de templo remete a lugar onde se tem contato com uma divindade. É um local de culto. Para a maioria das religiões, incluindo o cristianismo, o templo não é apenas o lugar de adoração, mas o lugar onde Deus está, a Sua residência, o lugar onde Ele habita e pode ser encontrado por aqueles que O procuram. A primeira vez que a Bíblia cita adoração é quando Abraão leva Isaque ao monte Moriá para oferecê-lo ao Senhor em um altar que seria por ele construído

---

[5]WILLIAMS, Roger. *Adoração:* um tesouro a ser explorado. Belo Horizonte, Editora Betânia, 2009. Pág. 37.

(Gênesis 22:5). Mais tarde, foi nesse mesmo lugar que os judeus construíram seu templo. Atualmente, estão lá duas grandes mesquitas muçulmanas, Al Aqza e Omar, com suas cúpulas douradas. O entendimento do Antigo Testamento é que o templo — a Tenda ou Tabernáculo edificado por Moisés — era o endereço oficial de Deus (ou Jeová) na Terra. O ser humano foi treinado a relacionar as manifestações de Deus com Sua presença em um local pré-determinado. Aconteceu na história de Israel, bem como, em todos os povos que se tem notícia. Todos pensaram em edificar um local onde sua divindade pudesse ser encontrada. Os templos, depois sinagogas, foram construídos, então, para promover e localizar a presença de Deus. Este conceito foi herdado pela Igreja que vem edificando templos durante séculos. Eis porque o mundo é povoado de milhares de templos e santuários dos mais diferentes tipos e estruturas.

Infelizmente, teologicamente, esse conceito de Igreja está completamente errado e ainda disseminado. A Igreja começou da maneira certa — os crentes reunidos nos lares buscando a Deus e proclamando na vida prática com forte testemunho — mas depois se desvirtuou. "O cristianismo dos primeiros tempos não tinha lugares sagrados, nenhum santuário, e nenhum templo de estruturas imponentes."[6] A mudança de enfoque aconteceu em função da influência pagã greco-romana em que os templos exerciam grande influência sobre a sociedade. As palavras que Jesus disse à mulher samaritana em João 4:23-24 — que os verdadeiros adoradores adorarão ao Pai em Espírito e não mais em um templo, ou em um lugar pré-determinado — foram se diluindo no correr do tempo. Nesse texto o Senhor apresenta uma nova

---

[6]HURTADO, Larry W. *As origens da adoração cristã*. São Paulo: Editora Vida Nova, 2011. Pág. 57.

e genuína visão de templo. Deus não teria mais santuários feitos por mãos humanas, mas, sim, templos vivos, feitos de pedras vivas. Portanto, o único lugar genuíno e verdadeiro de adoração, o único templo construído por Deus, pelo sacrifício de Jesus, por seu sangue derramado na cruz, é edificado no coração humano. Sendo assim, a verdadeira adoração é a nossa forma de viver vinte e quatro horas por dia como lugar da habitação de Deus. Tal verdade deve mudar profundamente nossas vidas, pois entendemos que o Espírito Santo não é uma entidade como uma peça de roupa que se põe e tira, ou um ser espiritual ambulante que vem e vai ao Céu. Ele foi enviado para habitar ("tabernacular") no coração de todos os que, em Cristo, creram para a salvação. Aonde quer que estejamos, ali estará dentro de nós o Espírito Santo para nos unir cada vez mais a Deus.

Se construir templos para Deus é errado, então, o que fazemos com os lugares de reunião conhecidos como templos? Podemos ou não construí-los? Eu acredito que podemos tê-los, desde que tenhamos o foco correto sobre o assunto: não é habitação de Deus, é local de reunião dos filhos de Deus. Devido ao crescimento da Igreja é difícil negarmos a necessidade da existência de lugares que recebam o povo com o mínimo de conforto. Quanto ao Senhor, para Ele não importa se o povo se reúne em um pequeno grupo nos lares ou uma multidão numa catacumba como fez a Igreja dos primeiros séculos. Caverna da antiguidade ou um prédio de cristal de nossa época é a mesma coisa. Deus sempre vê o coração.

Os prédios construídos para o povo de Deus não deveriam se chamar "templos" ou "santuários", pois reforça um erro teológico. Podem ser chamados de Casa de Oração, ou Congregação, ou Lugar de Reunião do Povo de Deus. Templo e Santuário se referem às vidas, às pessoas.

SEMELHANTES A JESUS

Sermos templo de Deus é mais do que um conceito; significa literalmente Deus em nós. E o principal e mais relevante resultado da presença de Deus em nossa vida é nos tornarmos semelhantes a Jesus. A vontade maior do Pai é querer que sejamos santos assim como Ele é. Isto significa vivermos como templos de Deus, tendo uma vida reta e justa, e livres do pecado.

Em todos os tempos e não somente hoje, a Santidade tem sido vista e entendida como algo difícil, quase impossível de ser alcançada. Piedosos e religiosos têm perseguido a Santidade pelos séculos, porém, com sucesso limitado. A quase totalidade das linhas teológicas coloca este valor espiritual como alguma coisa que somente alcançaremos no Céu. Mas como explicar que a Igreja que Jesus virá buscar será sem mancha, sem ruga e sem mácula? (Efésios 5:27). Isso quer dizer que os templos onde Deus habita são santos como J. Blanchard declara: "Um cristão que não é santo é uma contradição de tudo o que a Bíblia ensina".[7] Paulo é enfático quando afirma em 1Tessalonicenses 4:3: "A vontade de Deus é a vossa santificação." O autor de Hebreus 12:14 reafirma: "Segui a paz com todos e a santificação, sem a qual ninguém verá a Deus".

Constantemente, devemos checar a santidade em nossa vida, pois "o pecado tenazmente nos assedia" (Hebreus 12:1) e nossa natureza humana deseja sempre voltar ao erro. Infelizmente, a santidade tem sido tratada na igreja como um objetivo futuro e não como uma realidade a ser vivida no presente, pressupondo que ela seja impossível de ser alcançada. Segundo John Stott, o segredo de uma vida santa está na mente.[8] Pela fé é possível

---

[7]BLANCHARD, John. *Pérolas para a vida*. São Paulo: Edições Vida Nova, 1993. Pág. 358.
[8]BLANCHARD, John. *Pérolas para a vida*. São Paulo: Edições Vida Nova, 1993. Pág. 391.

proclamarmos que somos capazes de sermos templos santos diante de Deus agora, no tempo presente. Paulo explica isso claramente: "Estou crucificado com Cristo; logo, já não sou eu quem vive, mas Cristo vive em mim" (Gálatas 2:20). O santo não sou eu, mas Cristo que vive em mim, assim como quem é vitorioso contra a carne, o mundo e o Diabo não sou eu, mas Cristo. A chave está em deixar o "eu" na cruz e permitir o Senhor viver em nós. Quando o "eu" não é negado, ele é necessariamente adorado.[9]

---

[9]BLANCHARD, John. *Pérolas para a vida*. São Paulo: Edições Vida Nova, 1993. Pág. 1.

CAPÍTULO QUATRO

Cuidados com o templo

Tem enchido nossas lâmpadas
Com o óleo do Espírito,
Tem feito Sua vide florescer.

Santo, Santo, Santo é o Senhor
Asaph Borba — 1986

No capítulo anterior aprendemos que o lugar da adoração é o próprio ser humano que se torna templo receptor de Deus. "Acaso não sabeis que o vosso corpo é santuário do Espírito Santo, que está em vós, o qual tendes da parte de Deus, e que não sois de vós mesmos?" (1Coríntios 6:19). Neste capítulo, avançaremos no sentido de entender como cuidar desse templo tão precioso.

Primeiramente, temos que ter em mente que quem cuida do templo que somos nós é o próprio Deus por intermédio de princípios que Ele mesmo nos manda seguir. Este cuidado começa com a comunhão que devemos ter com o Pai, e que desenvolvemos de forma crescente, e pela fé, por intermédio da consciência espiritual e ciência dessa presença em nós. Quando entendemos isso, descobrimos que, a qualquer hora e em qualquer lugar, será tempo e lugar de culto, de adoração, de louvor e ações de graças a Deus.

O segundo ponto a ser ressaltado é que somos templos separados para honrar e glorificar ao Senhor, ou seja, sermos santos.

Quando aprendemos isso, mesmo vivendo neste mundo, entendemos que Deus nos quer separados para Ele, para Sua glória, honra e louvor. Tryon Edwards enfatiza que "uma vida santa não é uma vida ascética, melancólica ou solitária, mas uma vida regida pela verdade divina e fiel ao dever cristão. É viver acima do mundo, embora ainda estejamos nele".[1]

Em Efésios 1:4, o apóstolo Paulo ressalta que "Deus nos escolheu antes da fundação do mundo para sermos santos e irrepreensíveis". Jorge Himitiam corrobora essa afirmação ao dizer que "O propósito de Deus não é unicamente nos tornar seus filhos, mas sim nos tornar filhos irrepreensíveis".[2] Tal nível só é possível ser alcançado por meio do sangue de Cristo que limpa a nossa vida de todo o pecado. Somente assim poderemos iniciar o cuidado do templo de Deus.

Ao chamar a nossa vida (corpo) de templo de Deus, alguém poderá pensar que se trata de um espaço simples e sem complicação. Mas não é. A Bíblia afirma que nosso templo é dividido em corpo, alma e espírito (1Tessalonicenses 5:23). Cada área deve ser cuidada com o máximo de atenção. Nos muitos anos de discipulado que tenho tido com meu pastor, pai espiritual e tutor, Moysés Cavalheiro de Moraes, aprendi com propriedade a separar estes três aspectos da natureza humana criada por Deus, e também fui, constantemente, desafiado a cuidar de cada um deles com temor e tremor — espírito, alma e corpo.

Cuidados com o espírito

No espírito humano está a presença mais profunda de Deus por meio da consciência que temos Dele. Isto porque o espírito é o

---

[1]BLANCHARD, John. *Pérolas para a vida*. São Paulo: Edições Vida Nova, 1993. Pág. 356.
[2]HIMITIAN, Jorge. *Projeto do eterno*. Rio de Janeiro: Editora Atos Gospel, 2010. Pág. 37.

local de habitação do Espírito Santo. O homem se torna um ser espiritual, teologicamente falando, quando se deixa governar por Deus por intermédio do Espírito Santo que habita nele. Muitas vezes o espírito é confundido com a mente, mas a Palavra de Deus divide bem o que é espírito e mente. Paulo chama a atenção para essa diferença em 1Coríntios 14:15, quando explica que cantamos com o espírito e cantamos com a mente. Em 1Tessalonicenses 5:23, o apóstolo ora para que sejam conservados íntegros o espírito, a alma e o corpo de seus discípulos.

Quando tratamos acerca de sermos o templo, não podemos deixar de enfocar nosso espírito que é o lugar de onde deve emanar o mais profundo contato e comunhão com Deus. Jesus ensinou que os verdadeiros adoradores são os que adoram ao Pai em "Espírito" (João 4:24), isto é, por intermédio do Espírito Santo que está dentro deles. Como está escrito: "Aquele que se une ao Senhor é um espírito com Ele" (1Coríntios 6:17). Assim nasce o culto genuíno e verdadeiro que vem do nosso interior em uma sublime comunhão entre o Espírito de Deus e o espírito do homem. É desse conhecimento que brota a verdadeira adoração dos verdadeiros adoradores.

A partir do momento que compreendemos que somos o templo, a nossa vida muda por completo. A nossa conduta e tudo o que somos tem que se adequar a esse fato, pois não vivemos mais para nós e, sim, como templos de propriedade exclusiva de Deus. Se Ele está em nós, no profundo de nosso espírito, não podemos fazer tudo que temos vontade com o nosso corpo e alma, pois isso afetará o nosso espírito.

Quando alguém pratica o pecado, ignorando o Espírito, está "apagando" esse Espírito. Algumas pessoas fazem isso com tanta frequência que se tornam insensíveis, ficando com a mente cauterizada. Isso ocorre pela repetição do erro, pela falta de arrependimento, e por não haver mudança de vida. Essa atitude acaba por macular o templo de Deus.

Com base na Palavra de Deus penso que a presença do Espírito Santo junto ao nosso espírito pode ser parcial ou totalmente apagada pela constância de uma conduta que o entristeça e, finalmente, o extinga totalmente como alerta Paulo em 1Tessalonicenses 5:19. O apóstolo adverte também sobre alguns que amaram mais o presente século, apostatando da fé. Já em 2Timóteo 4:10, ele lamenta sobre os que uma vez andaram no Reino e depois o abandonaram. Eu mesmo conheço quem tenha verbalizado sua opção pelas trevas, mesmo depois de conhecer a Deus. No livro *Nos Domínios do Espírito*, o autor declara: "O Espírito Santo, qual fogo, pode apagar-se por dois motivos: Primeiro, por falta de combustível — um fogo pode apagar-se simplesmente diante da remoção do combustível, ou por falta de lenha. Desde os tempos de Moisés a ordem de Deus era: 'O fogo arderá continuamente sobre o altar, não se apagará, mas o sacerdote acenderá lenha nele a cada manhã' (Levítico 6:12-13). O segundo motivo seria a falta de oxigênio. Apagar ou extinguir dá-nos a ideia de sufocação. O mesmo Deus que disse no passado — 'o fogo arderá continuamente no altar; não se apagará' — deseja que o fogo do Espírito Santo continue ardendo continuamente no altar de nossas vidas nos dias maus em que vivemos."[3]

Esse processo degenerativo do espírito humano pode ser lento, mas sempre terá como base o não viver como templo do Espírito Santo. Ocorrerá como fruto de uma vida contraditória à vontade de Deus, ou de uma vida religiosa de aparências e sem autenticidade espiritual, isto é, não levando Deus a sério. Temos, portanto, que

---

[3]SOUZA, Estevam Ângelo de. *Nos domínios do Espírito*. Rio de Janeiro: CPAD, 1998. Págs. 244, 245, 246.

renovar nossas mentes e corpos e colocá-los inteiramente submissos a Deus, andando e vivendo no Espírito, deixando que nosso espírito seja sempre cheio da glória de Deus. "Digo, porém: andai no Espírito e jamais satisfareis à concupiscência da carne" (Gálatas 5:16).

CUIDADOS COM A ALMA

A porta de acesso ao "templo vivo" é a alma. Pelos olhos, ouvidos e os demais sentidos, alimentamos o intelecto, as emoções e a nossa vontade. Por saber disso, Satanás tenta dominar a nossa alma. Uma das estratégias é por meio dos veículos de comunicação — TV, rádio, Internet, etc., — que todos sabemos o poder de influência. Quando ficamos expostos muitas horas, diariamente, na frente, por exemplo, da televisão, estamos atrofiando o corpo, o espírito e também a alma. E isso acontece porque, quando alguém ou algo domina a nossa mente, nossas emoções e nossa vontade, tudo em nós fica cativo por um novo dono. Em consequência, se a mente está cheia de violência, o corpo será violento; se está cheia de futilidade, a mente será fútil; se está cheia de consumismo, a alma será consumista; se está cheia de sexo, o corpo será dominado por ele. Por outro lado, se enchermos nossa mente de conhecimentos úteis, certamente seremos dirigidos por eles a caminhos melhores. Portanto, a nossa alma, assim como nosso corpo, se alimenta, e o tipo de nutrientes com o qual nos alimentamos define a qualidade da nossa saúde. Isso se aplica também à alma. O alimento da alma define as ações e reações de cada pessoa, por isso Paulo ensina: "Quanto ao mais irmãos, tudo que é verdadeiro, tudo que é honesto, tudo o que é justo, tudo o que é puro, tudo o que é amável, tudo o que é de boa fama, se há alguma virtude e se há algum louvor, nisso pensai" (Filipenses 4:8).

Tendo em vista a industrialização da sociedade, o nosso planeta está poluído fisicamente — o ar, o mar, as matas, as cidades, as fontes, entre outros —, mas também moral e mentalmente — indústria da pornografia, a política e o consumismo, entre outros. Conteúdos deturpados, contrários à Palavra de Deus, são comercializados minuto a minuto em todas as partes do mundo, pervertendo os povos numa rapidez sem precedentes na História. Não é difícil perceber quantos males isso acarreta. Mais do que nunca, precisamos nos refugiar em Deus, o único capaz de renovar a nossa alma. Somente Deus consegue purificar mentes poluídas e deterioradas. Aliás, o Espírito Santo tem como uma de suas principais funções a restauração da alma, e isso Ele faz por meio da Palavra — "a lei do Senhor é perfeita e restaura a alma" (Salmos 19:7).

No livro *A Vida Cristã Normal*, Watchman Nee escreve: "Há algo no homem hoje que não é apenas o fato de ter e exercitar a alma, mas é o fato de que ele vive pela alma. Foi isso que Satanás alcançou na queda. Deus agora está realizando a obra da poda, como viticultor. Há em nossa alma um desenvolvimento descontrolado e um crescimento inoportuno que precisam ser verificados e tratados. Deus tem que cortar isso. Pelo que Paulo diz: 'Porque nós que vivemos, somos sempre entregues à morte por causa de Jesus, para que também a vida de Jesus se manifeste em nossa carne mortal' (2Coríntios 4:11)."[4] A consciência do bem e do mal é algo que já vem de fábrica em nossa alma e, dependendo do que fazemos, podemos deixá-la cauterizada ou não. Se for influenciada pela presença de Deus e de Sua Palavra, ficará mais sensível; e se for regada pelo pecado, fica endurecida. E esse processo se dá na alma.

Quando conheci o Senhor, aos 15 anos, a primeira coisa que o Espírito fez em mim foi purificar minha alma de toda a impureza em que eu vivia. As imagens com as quais minha mente de

---

[4] NEE, Watchman. *A vida cristã normal*. Belo Horizonte: Edições Tesouro Aberto, 2006. Págs. 168,169.

adolescente se encheu tinham a ver com sexo, drogas e rock'n roll. Minha vida era pautada pelo que minha alma de menino vivia naqueles dias. A purificação veio pela Palavra de Deus, pois os meus primeiros anos foram lendo e estudando a Bíblia profundamente, sob a orientação do pastor Erasmo Ungaretti. Ele me desafiou a ler a Bíblia todos os dias e encher a minha mente com as Escrituras, com louvor e adoração. Foi assim que minha mente, emoções e vontade foram sendo limpas e direcionadas para Deus. Essa minha experiência, que é semelhante a de muitos outros irmãos, nos leva a pensar que encher a mente com a Palavra leva a alma a perder a forma deste mundo, ficando apta e fortalecida a reagir contra o constante assédio satânico que tenta nos impedir de sermos puros, santos e agradáveis a Deus.

O autor de Hebreus 4:12 ensina que "a Palavra é viva e eficaz". Não há nada neste mundo que possa vivificar, preencher, purificar, restaurar, edificar e transformar a nossa alma mais do que a Bíblia, texto escrito e revelado pelo Espírito Santo para ser um referencial físico da presença de Deus em nosso meio. Por isso, muitas vezes, no decorrer da História, o Diabo tentou destruir a Bíblia. Ele nunca conseguirá, pois a Bíblia é a Palavra viva de Deus que se espalha por toda a Terra de forma milagrosa, fora do alcance do Inimigo. Particularmente, tenho tido a honra de distribuí-la em diferentes línguas para muitas nações. Já ouvi histórias que uma simples folha desta Palavra, levada pelo vento, promoveu transformação em toda uma aldeia. Já estive com um muçulmano radical que foi totalmente transformado pelo evangelho de Lucas quando aceitou lê-lo para desafiar um amigo cristão. Hoje a Bíblia é impressa aos milhões. Em outras épocas, entretanto, só havia dois ou três exemplares completos desse precioso Livro divino em todo o mundo. Logo, se enchermos nossa mente com a Palavra, não haverá limites para o que ela fará por nós.

Cuidados com o corpo

O corpo do homem, também conhecido como carne, que é nossa parte física, sempre acompanha as reações da alma. "O coração alegre aformoseia o rosto" (Provérbios 15:13). Todos somos literalmente dirigidos por nossa mente, emoções e vontade em tudo; tanto nas coisas positivas quanto nas negativas. Quando alguém peca com seu corpo, já pecou primeiro com sua mente. Por isso Jesus diz sobre o adultério "Se alguém pensar de modo impuro a respeito de uma mulher, já cometeu adultério" (Mateus 5:28). O bem e o mal que pensamos nascem, primeiramente, na mente e, então, levam nossos membros a realizá-los. Por isso, precisamos cuidar dessa parte externa do nosso templo, sabendo que o que fizermos com ele certamente irá afetar também o interior, isto é, a alma e o espírito.

Quando entendemos que nosso corpo é o templo de Deus, passamos a cuidar dele como tal. Muitos pensam que podem fazer qualquer coisa com seu corpo e que isso não influirá em nada na sua vida espiritual. Esse pensamento é errado. "É mediante o corpo que o homem é um ser social. Mediante o corpo, o homem é um ser espiritual e, por meio dele, suas obras serão um dia aprovadas ou reprovadas diante de Deus."[5]

Este entendimento deve levar-nos a questionar continuamente o que fazemos com nosso corpo. Quando Paulo fala que "todas as coisas me são lícitas, mas nem todas me convêm, todas me são lícitas, mas nem todas edificam" (1Coríntios 10:23), ele demonstra que tem a consciência de ser o seu corpo o templo de Deus. Um verdadeiro adorador é aquele que, a cada dia, não se esquece dessa verdade. Lembro-me quando Deus começou a me trazer

---

[5]SILVA, S. Pedro da. *O homem:* corpo, alma e espírito. Rio de Janeiro: CPAD, 1988. Pág. 60.

esse entendimento. Eu era ainda muito jovem e estudava no meio de jovens incrédulos, os quais, várias vezes, tentaram fazer com que voltasse aos vícios, às drogas, e a toda rebeldia na qual eu outrora vivia. Porém, o entendimento de que meu corpo era agora o templo do Espírito Santo me trouxe profundo temor a Deus e seriedade para com Deus. Eu sabia que se algo de errado ou pecaminoso acontecesse com meu corpo, por certo, entristeceria o Espírito que veio habitar em mim (Efésios 4:30).

CAPÍTULO CINCO

Quando adoramos?

Porque Tu estás presente, o instante fica eterno,
Tudo que é passageiro perde todo seu valor.
Pela fé eu estou certo de que Tu estás bem perto
E o que me importa és Tu, Jesus.

A chama nunca se apaga
ASAPH BORBA — 2010

Um dos textos bíblicos básico deste livro, João 4:23, realça que "vem a hora e já chegou". Nesta afirmação Jesus declara um tempo determinado no calendário de Deus, e revela em primeira mão que, daquele momento em diante, tudo sobre a face da Terra seria transformado, principalmente a adoração. Jesus estava falando de uma restauração que Ele mesmo traria não apenas a Israel, mas a toda a Terra. "Já havia chegado o momento em que os adoradores autênticos da nova ordem não-sectária haveriam de ser reunidos num só grupo."[1] Cristo estava declarando que, acima de tudo, Sua presença tornaria possível o surgimento dessa verdadeira adoração. "O próprio Jesus é a verdade, segundo se lê em João 14:6. E, assim sendo, toda a verdadeira adoração se dá por intermédio Dele. Adorar em

---

[1] CHAMPLIN, R. N. *Comentário bíblico do Novo Testamento.* São Paulo: Editora Candeia, 1995. Pág. 327.

verdade não é adorar meramente com sinceridade, e, sim, adorar com uma veneração que corresponde à natureza de seu objeto."[2] O autor de Salmos 102:18 profetiza sobre um povo que haveria de ser criado e louvaria ao Senhor, e o próprio Mestre, citando Salmos 8:2, em Mateus 21:16, ainda diria que, da boca dos pequeninos e dos que mamam no peito faria suscitar o perfeito louvor.

A visão correta acerca do tempo de adorar ainda é distorcida tanto no cristianismo quanto em outras religiões. Grande parte da cristandade ainda espera pelo culto de domingo, entendendo que esse é o dia mais importante de adorar, ou que a adoração é apenas um tempo dentro desse culto ao Senhor. Esse entendimento, contudo, não é o pregado no Novo Testamento. Como estudamos anteriormente, nós os crentes é que passamos a ser o templo. Lembre-se: "Por ser espírito, Deus não se restringe ao tempo, ao espaço nem a limitação física alguma".[3] O Senhor já habita em nós e somos literalmente um "templo ambulante". Por isso podemos cultuar a Deus todos os dias, em qualquer lugar. Toda hora é hora de adoração, razão pela qual Paulo fala, em 1Tessalonicenses 5:16, "regozijai-vos sempre", ou como J.B. Phillips parafraseia, "estejam sempre felizes".[4]

Adoração pode e deve ser atitude contínua em nossa vida. Todo instante é tempo de adorar a Deus. Neste exato instante de nossa vida é tempo de adoração. Não podemos viver à espera de momentos, de cultos ou conferências abençoadas para adorar a Deus. O momento para Deus é agora. E este agora não está atrelado somente às circunstâncias favoráveis. Sozinhos ou junto

---

[2]CHAMPLIN, R. N. *Comentário bíblico do Novo Testamento*. São Paulo: Editora Candeia, 1995. Pág. 327.
[3]NOLAND, Rory. *O artista adorador*. São Paulo: Editora Vida, 2007. Pág. 17.
[4]PHILLIPS, J. B. *Cartas para hoje*. São Paulo: Edições Vida Nova, 1994. Pág. 143.

a uma multidão, nossa atitude tem que ser a mesma. Por isso, em tudo que fazemos, deve haver a marca da presença de Deus, afinal Ele está sempre por perto. Sobre isso expressou Henri Amiel: "De qualquer ponto da Terra estamos igualmente perto do céu e do infinito".[5] Ele é Deus de longe e também um Deus bem presente e próximo de nós e, por isso, devemos sempre adorá-Lo. Se algo em nossa vida não dá honra, louvor e adoração a Deus, não é digno de ser realizado; se o estar em algum lugar me impede de adorar, esse lugar não é digno de ser frequentado; e creio que este deve ser o parâmetro de vida em tudo que fazemos e pensamos. Não à toa, Paulo nos lembra que "tudo quanto fizerdes, seja em palavras ou em ações, fazei em nome do Senhor Jesus, dando por Ele graças ao Pai" (Colossenses 3:17). E em Efésios 5:20 ele continua: "Dando sempre graças por tudo a nosso Deus e Pai, em nome de nosso Senhor Jesus Cristo." E complementa em Filipenses 4:4: "Alegrai-vos sempre no Senhor; outra vez digo: alegrai-vos". O autor de Hebreus 13:15, então, conclui: "Por meio de Jesus, pois, ofereçamos a Deus, sempre, sacrifício de louvor, que é o fruto de lábios que confessam o seu nome".

A CONSTÂNCIA DA ADORAÇÃO

A cama (ou leito) é o lugar onde passamos quase um terço de nossa vida. Quando lemos Salmos 149:5, "exultem de glória os santos, nos seus leitos cantem de júbilo", podemos inferir algumas verdades. A primeira é que a cama pode e deve ser um lugar de adoração. Muitos dos cânticos que escrevi me foram dados por Deus enquanto dormia. Inúmeras vezes acordei cantando, inspirado por um sonho ou com uma nova melodia dada por Deus.

[5]BLANCHARD, John. *Pérolas para a vida*. São Paulo: Edições Vida Nova, 1993. Pág. 111.

Em segundo, o leito nos remete a lugar de sofrimento. Muitas pessoas precisam passar um longo tempo de dor em leitos de enfermidade. Mesmo nesse leito Deus quer nos encontrar cantando. Esse conceito me fez lembrar da querida irmã Geni Germano. Nos últimos anos de sua sofrida, porém longa e vitoriosa vida, ela permaneceu confinada a uma cama de onde dificilmente podia se levantar. Sempre que íamos visitá-la para levar consolo e louvor, saíamos abençoados, pois lá estava ela com seu toca-fitas louvando e cantando a Deus, com mãos erguidas, literalmente, fazendo de seu leito um lugar de adoração. Bem declarou Spurgeon certa vez que "nossa vida deve ser tal que os homens possam imitá-la com segurança".[6]

Quanto mais somos constantes na adoração menos teremos pesadelos; dormindo ou acordados. Com franqueza, não me lembro quando foi o meu último sonho ruim ou pesadelo, pois minha vida de adoração leva-me a uma constante comunhão com o Pai, o que me distancia de coisas ruins. Certo dia fui procurado por um casal cuja esposa sofria há muitos anos com terríveis pesadelos. Ao vasculhar algumas áreas de sua vida descobri que havia pouco louvor e adoração, principalmente, antes de adormecer. Aconselhei-a trocar os hábitos de ficar noite adentro assistindo TV e navegando na Internet por momentos de cânticos e louvor ao Senhor. Alguns meses depois, o testemunho não podia ser outro: "Não tenho mais pesadelos."

Quanto mais nos enchemos desta constância de tempo prático de louvor e adoração, mais cheios da presença de Deus ficamos. A maioria dos homens e mulheres que conheço, e que são mais cheios dessa presença de Deus, não são aqueles que fazem grandes

---

[6] BLANCHARD, John. *Pérolas para a vida*. São Paulo: Edições Vida Nova, 1993. Pág. 156.

coisas em público, estão na mídia, ou com aparente sucesso, mas sim os que vivem uma vida constante na simplicidade da comunhão com Deus.

Jesus pouco falou de formas de louvar ou adorar. Aliás, somente uma vez os Evangelhos citam que Ele cantou (Mateus 26:30). Porém, em Sua vida, você o vê em constante comunhão com o Pai. Quando ensinou os seus discípulos a orar e a ter comunhão com o Pai, ensinou-os a ir para um lugar secreto. "Tu, porém, quando orares, entra no teu quarto e, fechada a porta orarás a teu Pai, que está em secreto; e teu Pai, que vê em secreto te recompensará" (Mateus 6:6). E ainda declara em Mateus 6:18: "Com o fim de não parecer aos homens que jejuas, e sim ao teu Pai, em secreto; e teu Pai, que vê em secreto, te recompensará."

Tudo o que fazemos em público deve ser o reflexo do que fazemos em secreto. Se um adorador não frequenta o lugar secreto, algo faltará na sua vida. Bem se expressou John Bunyan: "Aquele que foge de Deus de manhã dificilmente irá encontrá-lo no restante do dia".[7] Quem sabe discernir e viver no momento de Deus sempre terá prazer em adorar ao Pai em todo tempo, toda hora, mesmo em meio a tribulações e problemas.

Deus quer ser adorado, por isso Ele faz questão de se manifestar onde encontra adoração. E não há limites quando vivemos em constante adoração. Quando esta prática se torna um estilo de vida, a pessoa entra no *kairós*, ou tempo de Deus. E o incrível nisso tudo é que a maneira de cantar ou tocar é secundário. O importante é a nossa maneira de viver. Para Deus adoração não é algo externo e público, mas sim uma expressão de cada coração. Deus não ouve música; Deus ouve coração.

[7] BLANCHARD, John. *Pérolas para a vida*. São Paulo: Edições Vida Nova, 1993. Pág. 266.

Quanto mais esta constância de adoração se torna verdadeira em um coração, mais força haverá contra as tentações e o pecado. Diversas vezes em minha vida me vi tentado, frente a frente com o pecado, mas a constância da adoração me trouxe o livramento. O apóstolo Paulo escrevendo aos crentes coríntios declarou: "Portanto, meus amados irmãos, sede firmes e constantes, sempre abundantes na obra do Senhor, sabendo que o vosso trabalho não é vão no Senhor" (1Coríntios 15:58). A palavra usada aqui para "constante" é "*ametakinetoi*" que pode ser traduzida também como "inabalável" ou "inalterável". Concluímos, então, que a adoração nos leva para o nível do inabalável e do inalterável. Nas muitas vezes que fui assediado pelo inimigo em diferentes áreas e situações, o livramento sempre passou pela adoração que, na maioria das vezes, não foi pública ou congregacional, mas, solitária, ou em casa, com minha esposa, e depois com os filhos. Adorar foi o que nos fortaleceu contra os dardos inflamados do Maligno. O texto de Hebreus 4:16 salienta essa comunhão quando diz: "Acheguemo-nos, pois, confiadamente ao trono da graça, para que recebamos misericórdia e achemos graça, a fim de sermos socorridos no momento oportuno". Deus ouve o seu coração "porque vem a hora e já chegou".

O *KAIRÓS* (TEMPO) DE DEUS

O tempo de Deus é eterno. É difícil para quem vive em função do passado, presente e futuro, entender o que seja eternidade. Um dos argumentos mais fortes contra o Evolucionismo é a perspectiva do eterno. A Bíblia fala que Deus plantou a eternidade no coração dos homens (Eclesiastes 3:11). Isso aconteceu para que o homem entendesse o *kairós* divino. O tempo celeste parte não de um contexto histórico ou cronológico, mas emana do presente contínuo de Deus. No livro do Apocalipse,

João pôde compartilhar um pouco dessa experiência. O que ele viu foi a junção de eras temporais humanas que passavam pelos profetas, transitavam pela sua época, durante o tempo romano, e projetou-se para o nosso tempo, e depois vai além, eternidade afora. Por esta razão, o adorador deve entender o quanto a atitude da adoração é importante. Adoração é uma das poucas coisas que fazemos na Terra que acontece, eternamente, diante do Pai. O texto de Salmos 84 vislumbra esta verdade quando diz que um dia nos átrios do Senhor vale mais que mil em qualquer outro lugar. Quem tem esta revelação nunca para de adorar.

"Eternidade, para o fiel, é um dia que não tem crepúsculo; para o incrédulo, é uma noite que não tem alvorada", escreveu Thomas Watson.[8] Viver a vida para Deus é viver para o eterno. É deixar tudo que é passageiro em segundo plano e ter como prioridade os propósitos, os planos e os sonhos do Pai para nossa vida. A história central da Bíblia é este direcionamento eterno. Quando o evangelista escreveu em João 3:16 "porque Deus amou o mundo de tal maneira que deu seu filho unigênito para que todo aquele que nele crê não pereça, mas tenha a vida eterna", estava revelando à humanidade o maior mistério da existência humana, e que o propósito de Deus para com o homem não era tão-somente para ser vivido apenas na Terra, mas sim, na eternidade.

---

[8]BLANCHARD, John. *Pérolas para a vida*. São Paulo: Edições Vida Nova, 1993. Pág. 145.

CAPÍTULO SEIS

Como adoramos?

Vale muito mais um dia, oh Deus, contigo habitar,
Que mil anos sem Tua graça em qualquer lugar.
Assim, estando nos Teus átrios, junto ao Teu coração,
Rendo toda a minha vida em adoração.

Todo meu tesouro
ASAPH BORBA / NILSON FERREIRA — 1989

Segundo João 4:23, a verdadeira adoração que o Pai procura nos adoradores está sobre dois fundamentos: Espírito e verdade. Não há dúvidas de que Deus quer que todos alcancemos esse nível de adoração espiritual e verdadeira. O texto fala de dois aspectos que caminham juntos: o espírito, que é o mais profundo de nosso ser, e a verdade, que fala do que é a realidade. O conjunto de atitudes visíveis expressa essa realidade.

ADORAÇÃO EM ESPÍRITO

Adoração em Espírito tem como base um relacionamento verdadeiro, genuíno e intenso com Deus e com o Espírito Santo. Algo que flui de dentro para fora e não de fora para dentro. Judson Cornwall esclarece: "Os verdadeiros adoradores cultuam a Deus com um aspecto de seu ser que é mais elevado que o instinto e as paixões físicas".[1] Não é pelo cantar e tocar ou por qualquer expressão externa que vai haver este fluir de adoração em nós. O entendimento que Deus tem nos dado é que só o Espírito Santo pode fazer fluir essa verdadeira adoração como fruto de comunhão entre Ele e o nosso ser. A. W. Tozer declarou: "O Espírito Santo é o imperativo de vida dado por Deus".[2] Esta adoração em nosso espírito e por intermédio do Espírito se desenvolve quando nos dispomos a uma busca por meio da Palavra, da oração, da confissão e de uma total transparência. Isto nos conduz a uma vida de comunhão e amor a Deus e a uma vida cheia da Sua presença. Entretanto, para sermos cheios do Espírito, existe um caminho que, como tudo em nossa vida, deve começar pelo crer.

Crer no Espírito Santo

Em muitos trechos do Evangelho, Jesus promete o Espírito Santo e o chama claramente de promessa que seria enviada pelo Pai. Apesar disso, tenho visto com muita tristeza que, para muitos, o Espírito de Deus não passa de uma simples e distante promessa. Todos aceitam a Sua divina presença neste mundo, mas não o querem habitando em suas vidas, nem tampouco Sua presidência. Pensam que Sua única função é convencer o mundo do pecado e nada mais. Pensam que a promessa de Sua intensa presença era apenas para a igreja do primeiro século e não para hoje. "O Espírito Santo é uma pessoa viva e deve ser tratado como tal. Nunca devemos pensar Nele como uma energia cega nem como uma força impessoal."[3]

---

[1] CORNWALL, Judson. *A adoração como Jesus ensinou*. Belo Horizonte: Editora Betânia, 1995. Pág. 91.
[2] BLANCHARD, John. *Pérolas para a vida*. São Paulo: Edições Vida Nova, 1993. Pág. 140.
[3] TOZER, A. W. *Cinco votos para obter poder espiritual*. São Paulo: Editora dos Clássicos, 2008. Pág. 48.

Como em nenhum outro tempo, Deus tem restaurado a realidade do Espírito Santo na vida da Igreja. "Antes de mandar a igreja para o mundo, Cristo mandou o Espírito Santo para a igreja. A mesma ordem precisa ser observada hoje" (John Stott).[4] Para se perceber isso é preciso fé. Uma fé verdadeira que é fruto de certezas e convicções sólidas que nos leva a viver um verdadeiro relacionamento com o Pai por intermédio do Seu Espírito.

Receber o Espírito Santo

No final de Seu ministério terreno, Jesus soprou sobre seus discípulos o Espírito Santo, pois Ele sabia o quanto precisariam Dele. Para vivermos a vida que Deus quer que vivamos neste mundo, para termos com Ele comunhão e para realizarmos a Sua obra, não há dúvidas de que também necessitamos receber o Espírito Santo. "O encher-se do Espírito, portanto, exige que abramos mão do nosso ser como um todo, que nos submetamos a uma morte interior, que libertemos nosso coração daquele refugo adâmico que se acumulou ao longo dos séculos e abramos todos os compartimentos do nosso ser para o Convidado Celestial" (A. W. Tozer).[5]

A Palavra nos revela coisas extraordinárias em Atos 2 acerca da descida do Espírito Santo sobre a igreja reunida. O que ocorreu naquele dia não foi uma simples manifestação espiritual, mas algo que envolveu e transformou profunda e definitivamente cada homem e mulher que recebeu a promessa. O ocorrido no cenáculo em Jerusalém foi tão poderoso que trouxe consequências, desde aquela cidade até os confins do mundo, por gerações e gerações.

---

[4]BLANCHARD, John. *Pérolas para a vida*. São Paulo: Edições Vida Nova, 1993. Pág. 140.
[5]TOZER, A. W. *Cinco votos para obter poder espiritual*. São Paulo: Editora dos Clássicos, 2008. Pág. 48.

Em Atos 19:2, Paulo pergunta aos Efésios: "Recebestes o Espírito Santo quando crestes?" No versículo 6 lemos: "E, impondo-lhes Paulo as mãos, veio sobre eles o Espírito Santo; e tanto falavam em línguas como profetizavam." Receber o Espírito Santo é algo que todos necessitam.

Muitos anos depois, John Wesley, um dos homens mais importantes de sua época, cuja pregação mudou o mundo, declarou: "Sem o Espírito de Deus não podemos fazer nada, a não ser acrescentar pecado sobre pecado."[6]

Lembro-me como se fosse hoje do dia em que fui cheio do Espírito Santo. Eu tinha conhecido ao Senhor fazia bem pouco tempo, em meados de 1974; estava sedento de Deus. Aconteceu numa reunião de oração que tínhamos todas as segundas-feiras na Igreja Metodista Wesley, em Porto Alegre. Após uma ministração do pastor Moysés Cavalheiro de Moraes a respeito de quem era o Espírito Santo e suas manifestações em toda a Bíblia, todos fomos convidados a ir à frente para recebermos uma oração e sermos batizados com o Espírito Santo. Sem pestanejar eu disse "sim". Os irmãos impuseram suas mãos sobre mim e, durante a oração, algo começou a ferver desde a ponta de meus pés e foi subindo por todo meu corpo. Quando chegou à cabeça, comecei a falar em línguas espirituais com muita intensidade e ardentemente; uma experiência inquestionável que durou muitas horas. Enquanto eu orava, minha fome de Deus era tanta que, ao avistar uma Bíblia que estava em um dos bancos, comecei, literalmente, a comê-la, mascando-a com meus dentes. Mordia a Bíblia enquanto falava em outras línguas. A partir daí, passei a viver uma nova vida cheia da presença santa, aprendendo como andar no Espírito.

[6]BLANCHARD, John. *Pérolas para a vida*. São Paulo: Edições Vida Nova, 1993. Pág. 140.

Andar no Espírito Santo

Depois de receber o Espírito Santo é necessário que a pessoa aprenda como andar no Espírito. Assim como uma criança aprende a caminhar, de igual modo, quem recebe o Espírito Santo necessita aprender a fluir Nele, passo a passo, em total dependência. "Digo, porém: Andai no Espírito e jamais satisfareis as concupiscências da carne" (Gálatas 5:16). Andar no Espírito é um aprendizado diário e constante, desde a primeira hora do dia até o anoitecer. Andar no Espírito é submeter toda a nossa vida, independente de circunstâncias ou de qualquer aspecto físico, à direção do Espírito de Deus. É delegar o controle de tudo a Ele. Ou entregamos a Ele ou seremos guiados por nossa vontade e satisfaremos apenas a nossa carne e não a Deus.

Um homem pode ser identificado por seus passos. Um cristão mais ainda. É fácil alguém saber quem somos pelos rastros que deixamos. Quando andamos no Espírito, por certo deixaremos marcas de Deus mundo afora. Quem anda no Espírito sempre terá segurança, pois a firmeza eterna lhe sustentará a vida. Também terá orientação, pois o Espírito é a bússola que dirige os passos para a direção certa e na hora certa. Quem anda no Espírito também terá sabedoria, pois a receberá de Deus para fazer o que Ele manda, cumprindo neste mundo o Seu propósito. E por último, andar no Espírito produz força, pois Ele é a fonte gloriosa de poder que Deus enviou a este mundo, como afirma o texto de 2Crônicas 16:9a: "Quanto ao Senhor, seus olhos passam por toda a terra, para mostrar-se forte para com aqueles cujo coração é totalmente dele."

Encher-se do Espírito Santo

A Bíblia é repleta de textos que esclarecem sobre o Espírito Santo. Um dos mais conhecidos está em Efésios 5:18: "Não vos embriagueis com vinho no qual há dissolução, mas enchei-vos do Espírito." O caminhar no Espírito tem como objetivo levar o cristão a viver uma vida plena, sem depender de fatores externos para que tenha comunhão com o Pai, pois a única fonte é o próprio Espírito Santo que já está habitando nesse cristão. Quem é verdadeiramente cheio não admitirá qualquer outra forma de relacionamento com o Pai que não seja essa. Ser cheio do Espírito é saber viver como templo do Espírito, dispondo a vida para isto (1Coríntios 3:16). Desde quando entendi essa verdade, não cesso de pedir ao Pai para sempre ser encontrado por Ele como um verdadeiro adorador. Desejo estar a todo instante da minha vida cheio do Seu Espírito. E o melhor desta comunhão é que ela não depende de palavras, canções ou qualquer ação, pois adoração em Espírito brota do nosso interior e nos leva, primeiramente, a "sermos" para Deus, antes de "fazermos" para Ele alguma coisa.

Vida cheia do Espírito é uma vida de fé
No texto de Romanos 1:17, Paulo ensina que "o justo viverá pela fé" — fé em Cristo Jesus, fé que Ele é o caminho, a verdade e a vida. Muitas pessoas vivem a vida cristã baseadas inteiramente em normas e regras, conceitos e critérios de conduta que lhes parecem bons, porém não fazem isso nem por fé e nem como fruto de compromisso com Cristo Jesus. São apenas religiosos. Segundo Hebreus 11:1, fé implica certeza, convicção. Isto significa que tudo em nossas vidas, com relação a Deus, deve ser fruto desta fé que é gerada pelo próprio Deus em nós. Esta deve ser a maneira prática de vida na presença de Deus. Fé não é um conceito vago que funde prática humanista e pensamento positivo, mas sim, uma certeza. Por isso, é muito maior do que qualquer esperança. Fé é um valor real que alimenta a nossa forma de viver. Além de ser um dom do Espírito Santo, fé é um fruto de Sua presença na Igreja. É também uma constante referência que, quando tudo no

mundo natural acaba, e qualquer valor em nossa vida tem um fim, aquele que vive pela fé, subsiste e vence, pois encontra sempre, em Deus, refúgio, paz, alegria e esperança. Vida piedosa, portanto, é vida inteiramente envolvida com Deus. "Adoramos quando fazemos o que o Pai deseja em vez de realizar nossa vontade. A adoração consiste em nos afastar do egoísmo que nos caracteriza e colocar o Senhor no centro da nossa vida, pois para isso fomos criados. Quanto mais Deus for o foco central de nossa existência, mais se manifestará a nós" (John Winber).[7]

Vida cheia do Espírito é vida transbordante de amor
Em Gálatas 5:22, Paulo diz que o fruto do Espírito é o amor e todas as suas características: alegria, paz, longanimidade, benignidade, bondade, fidelidade, mansidão e domínio próprio. Não há virtude de Deus maior do que o Seu amor. Não se pode dizer ou pensar que alguém é cheio do Espírito se não for cheio de amor. Em 1João 4:8, lemos que Deus é amor, o que significa dizer que a essência de Deus é o amor. Entendo que este amor de Deus deve ser a excelência da vida da Igreja, isto é, naquilo que somos melhores. Um adorador é alguém que ama a Deus e a seus irmãos sem limites. Muitas pessoas enfatizam o poder de Deus como Sua maior virtude, porém a Palavra nos diz que o amor é o dom supremo. Acima de tudo que Deus faz e é, está o Seu grande e inigualável amor (1Coríntios 13).

Quando somos cheios desse amor como Seus filhos, nos tornamos cada vez mais parecidos com Jesus e somos feitos participantes da eternidade de Deus, pois Seu amor é eterno. Assim aprendemos aquilo que é o centro do Seu plano: "Porque Deus amou o mundo

---

[7]WILLIAMS, Roger. *Adoração:* um tesouro a ser explorado. Belo Horizonte: Editora Betânia, 2009. Pág. 46.

de tal maneira que deu seu filho unigênito, para que todo aquele que nele crê não pereça, mas tenha a vida eterna" (João 3:16).

Vida cheia do Espírito é vida em liberdade
Em 2Coríntios 3:17 aprendemos que, onde está o Espírito Santo de Deus, ali há liberdade. O homem é livre para louvar, para adorar, para celebrar a Deus com todo o seu ser. O Diabo, por sua vez, está sempre tentando roubar dos filhos de Deus essa liberdade. Saiba, porém, que essa liberdade foi conquistada por Jesus na cruz e, por isso, somos livres de toda escravidão, de toda amarra, e de toda religiosidade.

Essa liberdade deve nos levar sempre à presença de Deus. Em Gálatas 5:13, Paulo ensina: "Porque vós, irmãos, fostes chamados à liberdade; porém, não useis da liberdade para dar lugar à carne". Carne significa desejos, vontades individuais, e prazer humano de qualquer natureza. A liberdade deve sempre direcionar para a vontade de Deus que é boa, perfeita e agradável. A liberdade bíblica é limitada por três princípios: 1º) Comunhão com Deus; 2º) Cumprimento do Seu propósito eterno neste mundo; 3º) Comunhão com os santos em amor.

No primeiro princípio, a liberdade é relacionada com a comunhão com Deus. Tudo que possa atrapalhar ou nos impedir de termos comunhão com o Pai deve ser evitado. Não devemos compactuar com algo que nos impeça de viver essa comunhão, por melhor que pareça. Depois que me converti, pensava que não haveria muito problema em continuar indo às festas dançantes da cidade. Contudo, logo entendi que voltar àqueles ambientes que eu frequentava no tempo que usava drogas e me prostituía não me levariam para perto de Deus; ao contrário, atrapalhariam muito minha comunhão com Deus. Por isso deixei de ir àquelas festas.

O mesmo se dá com respeito ao segundo princípio. Nada nessa liberdade pode impedir o cumprimento do propósito de Deus e realização da Sua obra. Tudo que fazemos deve sempre nos capacitar e nunca nos impedir de fazer aquilo que Deus quer, principalmente, no que diz respeito ao testemunho. Alguns pensam que podem fazer qualquer coisa em prol da liberdade, pois a graça compensa todas as atitudes. Todavia devemos entender que teremos que deixar de fazer algumas coisas por causa do testemunho que temos que ter como discípulos de Cristo.

Por último, a liberdade não deve causar nenhum impedimento que possa atrapalhar nossa comunhão com os santos e com o Corpo de Cristo em geral. E o fazemos por amor. Por isso, Paulo diz em 1Coríntios 6:12: "Todas as coisas me são lícitas, mas nem todas me convêm. Todas as coisas me são lícitas, mas não me deixarei dominar por nenhuma delas." Somos livres em Deus e para Deus, porém nossa liberdade deve ser sempre limitada pelas paredes do amor a Deus, ao Seu Reino e, também, por um profundo amor pelos irmãos. "Deus nos ensina a limitar até mesmo nossa comida e nossa bebida para não trazermos escândalo aos irmãos. Isto se aplica a tudo." Sobre este assunto Jan Kaleta declara: "Minha liberdade é controlada por meu amor a meus irmãos e irmãs."[8]

Vida cheia do Espírito é vida de humildade e mansidão
Em seus estudos sobre a queda dos anjos, Santo Agostinho chegou à seguinte conclusão: "Foi o orgulho que transformou anjos em demônios; é a humildade que faz homens serem como anjos".[9] Jesus afirma em Mateus 11:29: "Aprendei de mim que sou manso e humilde de coração". Há virtudes que revelam quem são as pessoas cheias do Espírito Santo. Humildade e mansidão estão no topo da lista.

---

[8]BLANCHARD, John. *Pérolas para a vida*. São Paulo: Edições Vida Nova, 1993. Pág. 230.
[9]BLANCHARD, John. *Pérolas para a vida*. São Paulo: Edições Vida Nova, 1993. Pág. 279.

Jesus quer nos ensinar a sermos humildes e mansos, não de aparência, mas de coração; diante Dele e dos homens. Quando Jesus afirma em Mateus 5:3 que "bem-aventurados os humildes de espírito porque deles é o reino dos céus", Ele não estava falando de pobreza e, sim, de uma atitude espiritual de humildade em nossa vida que nos faz herdar Seu reino. A soberba e a altivez afastam o homem de Deus e do Seu reino, enquanto a humildade e a mansidão o conduzem a ele. E Jesus completa no versículo 5: "Bem-aventurados os mansos, porque eles herdarão a terra."

A humildade é uma forma de agir, ou seja, tem a ver com nossas atitudes, principalmente no que se refere aos relacionamentos. Já a mansidão diz respeito à forma como reagimos às atitudes dos outros. É a forma como respondemos ao modo que somos tratados. Ouvi uma interessante frase creditada ao pastor Carlos Alberto Bezerra: "Servo é aquele que reage como servo quando tratado como servo. Nossas ações e reações devem ser com humildade e mansidão." Geoffrey B. Wilson conclui: "Mansidão é a marca registrada do homem dominado por Deus."[10]

ADORAÇÃO EM VERDADE

"A adoração dirigida ao Pai, que procede do espírito do homem, tem de ser sincera. A sinceridade na comunhão com Deus é pré-requisito básico para que a adoração seja verdadeira" (Judson Cornwall).[11]

---

[10]BLANCHARD, John. *Pérolas para a vida*. São Paulo: Edições Vida Nova, 1993. Pág. 235.
[11]CORNWALL, Judson. *A adoração como Jesus ensinou*. Belo Horizonte: Editora Betânia, 1995. Pág. 93.

O Espírito Santo tem como uma de suas principais funções nos guiar a toda verdade, ensina Cristo em João 16:13. Isso se estende, inclusive, à verdadeira adoração. Aprendemos também com a Palavra de Deus que o verdadeiro é o legítimo mesmo em meio a um mundo de tanta falsidade. Winston Churchil disse: "A verdade é indiscutível. O pânico pode ressentir-se dela; a ignorância pode menosprezá-la; a malícia pode distorcê-la; mas ela continua inabalável."[12]

Muito do que temos feito e expresso, como Igreja, diante de Deus e do mundo, tem perdido a legitimidade por não expressar algo verdadeiro, legítimo e genuíno. Deus é o Deus verdadeiro que, em Sua essência e excelência, é amor, e o amor sempre se regozija com a verdade (1Coríntios 13:6). Quando falamos em adoração em verdade, como segunda ênfase para a adoração dos verdadeiros adoradores do texto de João 4, vemos esta tônica de sempre procurarmos expressar aquilo que é verdadeiramente gerado por Deus em nós; não sermos cópias, mas genuínos, autênticos e verdadeiros. Adoração em verdade é um fruto. Fruto da verdade e do Espírito Santo que em nós habita. Fruto da Sua presença, da alegria, da paz e da plenitude em cada um de nós. Verdadeira adoração é toda expressão de alegria, júbilo, cântico, glorificação, proclamação da verdade, de prostração, de erguer das mãos, palmas, assobios, danças e tanger de um instrumento. Poderá ser também pintar, esculpir ou qualquer outra arte que, por si só, glorifica a Deus, no entanto, desde que gerada em nosso interior pelo Espírito Santo e que vise unicamente honrar ao Eterno. A ênfase de que deve ser gerada pelo Espírito é por que tais atitudes podem ser simples resultado da vontade humana.

---

[12]BLANCHARD, John. *Pérolas para a vida*. São Paulo: Edições Vida Nova, 1993. Pág. 399.

Adoração verdadeira — expressão do caminhar

Quando aprendemos esta autenticidade de Deus em nós, começamos a desenvolver uma inabalável e maravilhosa caminhada de comunhão com o Pai. Viver para adorá-lo se torna nosso objetivo de vida, nosso mais sublime propósito, pois tudo o que Deus quer é uma família em comunhão com Ele.

Isso me leva ao princípio da criação, quando Deus vinha todas as tardes ter comunhão com Adão e o chamava por seu nome. Ainda hoje Deus quer ter esse tipo de comunhão conosco. Mas isso só é possível por intermédio de Jesus, pois Ele abriu a porta dessa maravilhosa intimidade com o Pai. Livres, podemos entrar nos Seus átrios, como incentiva Salmos 100:4: "Entrai por suas portas com ações de graças e nos seus átrios com hinos de louvor". Em Hebreus 10:19-22, ainda podemos ver, com mais clareza, que este acesso só é possível por causa do sangue de Jesus. "Tendo, pois intrepidez para entrar no Santo dos Santos pelo sangue de Jesus, pelo novo e vivo caminho que Ele nos consagrou pelo véu, isto é, pela sua carne, tendo grande sacerdote sobre a casa de Deus, aproximemo-nos com sincero coração em plena certeza de fé tendo o coração purificado de sua consciência e lavado o corpo com água pura."

Adoração verdadeira nos fala de uma realidade que brota do nosso espírito para a vida prática. A porta do caminhar e do viver com Deus está aberta para cada um de nós que queira desfrutar dessa vida. Todas as expressões que fluem, como fruto dessa verdade, serão recebidas pelo Pai como suave incenso. No próximo capítulo, veremos essas expressões com mais detalhamento.

CAPÍTULO SETE

Adoração em verdade

Te contemplo, oh Pai, na beleza da Tua santidade,
Te adoro com amor, em Espírito e em verdade,
Por aquilo que Tu és, eu me prostro aos Teus pés,
Ministrando a Ti a minha adoração.

Te contemplo, oh Pai
Asaph Borba — 1990

Adoração individual: nosso culto pessoal a Deus

Já temos concluído que nossa adoração tem como base a vida, isto é, o dia a dia. Sobre esse andar diário com o Senhor, Rubem Amorese escreve: "É a intimidade do Senhor, sua amizade, que nos mantém dispostos a suportar as dores do crescimento. E o objetivo da adoração é fazer-nos crescer na imagem e semelhança do Filho."[1] Nossa intimidade e comunhão com Deus não são de fora para dentro, mas, sim, de dentro para fora.

A presença de Deus não é algo que fica subindo e descendo dos céus para a terra dependendo daquilo que está ocorrendo. Deus é onipresente e constante; está lá no Céu e aqui na Terra

---

[1] AMORESE, Rubem. *Louvor, adoração e liturgia*. Viçosa: Editora Ultimato, 2004. Pág. 65.

por intermédio de Seu Espírito. Se pensarmos diferente disso, estaremos limitando a grandeza e o potencial de Deus que está assentado em Seu alto e sublime trono e habita entre nós por intermédio de Jesus, o Verbo, e o Espírito Santo. "Se Deus não estiver em todos os lugares, Ele não é Deus verdadeiro em lugar algum."[2] Não podemos tirar e colocar Sua presença como se faz com uma peça de roupa. Quando o Senhor vem habitar em nós e nos tornamos sua morada, Ele vem para ficar. Nós nos tornamos seu templo, lugar onde Ele está. Onde quer que estejamos, ali está Deus: em nossa casa, ali está Deus, em nosso carro, ali está Deus. Como sempre quis estar, desde o princípio, quando caminhava com Adão na viração do dia. "O verbo traduzido por 'reconhecer' é uma palavra que fala de conhecer ativamente a presença de Deus. Devemos conhecer a Deus nas atividades diárias."[3]

Entendendo isso, saberemos que o lugar de adoração a Deus não é estático. Deus é onipotente e também onipresente na vida de cada um de Seus filhos.

COM TODAS AS EXPRESSÕES DE NOSSO CORPO E ALMA

Quando falamos sobre ser o nosso interior a fonte de toda adoração, não queremos excluir o fato de que tudo em nós deve adorar a Deus. Da mesma forma que nossa alma o faz, a verdadeira adoração deve ser também expressa pelo nosso corpo exterior. Por muito tempo a igreja foi amarrada dentro de um conceito intimidador de adoração, a ponto de que uma simples expressão de riso era condenada. No entanto, se examinarmos a história da Igreja

---

[2]BLANCHARD, John. *Pérolas para a vida*. São Paulo: Edições Vida Nova, 1993. Pág. 115.
[3]ALLEN, Ronald e BORROR, Gordon. *Teologia da adoração*. São Paulo: Editora Vida Nova, 2002. Págs. 46, 47.

primitiva, encontraremos não só em registros neotestamentários, mas também na história secular, relatos de cristãos alegres cantando e celebrando sua fé. O historiador hebreu/romano Flávio Josefo escreveu a respeito. Ele se referiu aos cristãos como um povo alegre e feliz que expressava sua alegria por meio de cânticos de louvor a Deus. Mesmo sendo levados às fogueiras das arenas romanas, o povo de Deus louvava, cantando ao Senhor; e esses testemunhos da alegria e louvor dos cristãos abalaram a fé pagã romana. No relato bíblico encontramos, em Atos 16:25, a história de Paulo e Silas na prisão orando e cantando enquanto os demais presos escutavam. Essa é também uma referência clara de que Paulo e Silas tinham tal prática em suas vidas devocionais.

Outros textos de Paulo também incentivam usar expressões externas de louvor. Em Efésios 5:19 e Colossenses 3:16, o apóstolo encoraja os cristãos a falarem e a entoarem louvores a Deus com salmos, hinos e cânticos espirituais de todo o coração. Em 1Coríntios 14:15, Paulo ainda apresenta-nos uma novidade: o cantar com o espírito e o cantar com a mente.

Creio que uma das principais razões que levou a Igreja a perder muitos dos seus adolescentes e jovens pelo meio do caminho foram as excessivas expressões de morte, desânimo, pobreza e repetição presentes no culto a Deus. O jovem, símbolo de alegria e força, obviamente, se pergunta "que Deus é este?" Não podemos fugir da realidade de que o mundo oferece um leque de opções muito mais interessante aos jovens do que a vida religiosa. Por isso, Deus quer restaurar em cada um de nós todas as expressões possíveis que demonstrem Sua vida em nós. Afinal, um homem não é formado apenas de boca ou mãos. Ele é um todo. É um conjunto de membros e expressões que foram criados para louvar a Deus. Cada um de nós é um complexo de capacidades e habilidades que Deus quer usar para seu louvor, honra e glória. Por isso, o texto de Colossenses 3:17, incentiva que tudo o que fizermos, seja em palavra ou ação, façamos em nome do Senhor, isto é, para promover a Sua glória.

Restaurando as artes como expressão de nosso culto

Por muitos anos, fui a um encontro em que havia um irmão chamado Jasiel Botelho que, durante o louvor, pintava quadros com toda alegria e empolgação. Muitas vezes o fazia acompanhando o ritmo da música e sendo inspirado pela letra cantada, demonstrando, claramente, que cada pintura era uma expressão viva de seu culto ao Senhor naquele instante.

No decorrer da História, Deus ungiu pessoas para expressarem louvor a Deus por intermédio das artes como pintura, escultura, arquitetura, montagem de vitrais, etc. Cada uma, a seu modo, prestaram seu serviço de edificação à sociedade e à Igreja. Na Igreja Metodista Wesley, local onde me converti e congregava, sempre fui edificado pelos vitrais alusivos à vida de Cristo que ali se encontram. Aquelas lindas pinturas sempre me ajudaram a lembrar os principais fatos da vida de Jesus.

Relacionar as artes que podem ser utilizadas na Igreja não é tarefa complicada, tamanha a diversidade e possibilidade existentes. Fotografia, teatro, cinema, dança, etc., podem ser poderosas ferramentas nas mãos de cristãos para proclamação da Palavra de Deus. Conheço alguns irmãos que possuem o dom de atuar como palhaços. Suas mensagens levam o povo ao riso, mas também ao choro. Darlene Zschech expressa o perfil das pessoas que usam a arte para adorar a Deus: "Eis um vislumbre do que eu vejo que somos: um grupo de pessoas que faz história... Músicos... que continuam escrevendo melodias que despertam o coração das pessoas para contemplar o céu e seus privilégios. Para comover a alma da humanidade toda vez que tocam e profetizam... Dançarinos... que vivem a dança e dão emoção e dimensão maior à música para devolver a vida à alma morta e cansada."[4]

A arte foi instrumento de grande importância na vida do povo de Deus. Desde o princípio da história de Israel e, mais tarde, na Igreja, o cântico e a música, assim como as danças, ocupavam um valioso papel no culto a Deus. "Louvai ao Senhor com adufes e com danças" (Salmos 150:4). Todas as artes foram criadas para serem usadas para a glória de Deus. Elas são, de fato, reflexo do caráter criativo de Deus no homem, pois fomos criados à Sua imagem e semelhança. Por isso, as expressões artísticas devem ser utilizadas com muita seriedade e profundidade na Igreja, principalmente quando falamos sobre adoração. Qualquer arte deve ser um instrumento de culto e pode manifestar a glória de Deus, mas também pode ser facilmente utilizada para roubar essa glória. Há uma linha muito tênue nesta questão que precisa ser discernida espiritualmente.

Especialmente, sobre a música cristã, infelizmente, temos que admitir que ela tem sido utilizada por muitos como instrumento de projeção pessoal, como produto de mercado, quando deveria ser empregada como poderosa ferramenta de adoração, edificação, proclamação ao mundo, guerra espiritual e comunhão. Isso acontece porque o músico está atuando num palco e não num altar. Palco é lugar de expressão do humano, do belo segundo a carne, dos modismos, dos trejeitos, da carnalidade, das ondas misturadas com o mundo e, principalmente, é o lugar da projeção de quem é o homem e não de quem é Deus. No palco, o inimigo tem acesso, a carne domina e o mundo influencia. Todavia, quando a vida é

---

[4] ZSCHECH, Darlene. *Adoração extravagante*. Belo Horizonte: Editora Atos, 2004. Pág. 96.

um altar, tudo flui de Deus e volta para Deus. Aquilo que é humano é um simples instrumento nas mãos do Espírito Santo.

Altar é onde tudo que podemos produzir é queimado como incenso diante de Deus; é lugar de prostração e entrega total ao Senhor; é onde o humano desaparece. A carne não gosta muito do altar justamente porque ali ela desaparece.

Há pouco tempo, recebi um prêmio em um lugar em que as pessoas estavam reconhecendo meu trabalho como músico e compositor. Na ocasião, estavam amigos de toda a minha vida ministerial, velhos e novos. Ao final do evento, quando todos tínhamos em mãos os lindos troféus recebidos, peguei o microfone e convidei todos a fazerem daquele lugar um altar depositando cada um o seu prêmio aos pés do Senhor Jesus em uma atitude de adoração. De súbito, ouvi alguém gritando lá trás: "Parem com isso. Aqui não é culto, é um show." Por isso, enquanto todos se prostravam diante de Deus, imediatamente fecharam os microfones e as luzes. Quando um músico em adoração tem a consciência de altar e de templo, onde quer que esteja, ali se tornará um altar, um lugar santo de adoração e culto.

As artes são o fruto dessa sublime consciência de que tudo em nós, todas as expressões, desde um sussurro até a mais elaborada dança ou sinfonia, são inspiradas por Deus e para Sua glória. Se algo não estiver dentro desse princípio, não será adoração. Quando alguém lê a história de homens como Bach e Haendel, vê-se com clareza o quanto esses músicos reconheciam a inspiração divina em suas obras. É impossível ouvir "Aleluia" de Haendel ou o "Evangelho Segundo São Mateus" e não glorificar a Deus. Mesmo quem não tem sua fé e vida com Deus, acaba dizendo: "É divino."

CAPÍTULO OITO

A música

O Espírito do Senhor está sobre mim
Porque o Senhor me ungiu para pregar
Boas novas aos quebrantados,
Aos quebrantados de coração curar.

Vestes de Louvor
ASAPH BORBA — 2002

A música é um dos mais incríveis presentes que Deus deu à humanidade. Sobre ela, o reformador Martinho Lutero, que também era músico, disse: "Aquele que não encontra a grande e perfeita sabedoria de Deus na Sua maravilhosa obra da música é realmente um tolo e não é digno de ser considerado homem."[1] A música é encontrada em toda a Bíblia, no início da história humana, e Jubal é apontado como o pai de todos os que tocam harpas e flautas (Gênesis 4:21). "É impossível ler a Bíblia e passar por cima da quantidade impressionante de versículos que mencionam a música, os cânticos, os cantores, o louvor, a adoração, o regozijo (que em muitos casos significa, no hebreu original 'cantar com gozo'), e

---

[1]BLANCHARD, John. *Pérolas para a vida*. São Paulo: Edições Vida Nova, 1993. Pág. 275.

os instrumentos de música. Aqui e acolá vemos referências a todas as atividades, dando-nos a entender que é algo muito importante para Deus. Considere o seguinte: Qual é o maior livro da Bíblia? O Salmos, o livro dos cânticos. Interessante!"[2]

Tanto no Antigo quanto no Novo Testamento, desde a história de Israel, passando pelos evangelhos de Cristo, entrando por todo o período da Igreja primitiva até chegar ao céu apocalíptico, encontramos a revelação divina repleta de sons, instrumentos, melodias, bem como, danças, festas, celebrações e muita alegria. Quando Paulo fala em Efésios 5:18-19, da necessidade da Igreja encher-se do Espírito Santo, enfatiza que devemos fazê-lo com salmos, hinos e cânticos espirituais. Em Colossenses 3:16, o apóstolo ainda realça que, quando a Palavra de Cristo habita em nós ela gera louvor que é expresso com salmos, hinos e cânticos espirituais. Jesus e seus discípulos cantavam hinos, além de citar os salmos várias vezes.

A história pós-cristã narra o quanto a música e a celebração se tornaram parte do culto da Igreja. "[...] A impressão que se tem é que as músicas cantadas e entoadas em honra a Jesus não eram algo esporádico, e sim típico da adoração cristã primitiva. Essa é, naturalmente, a impressão exata que se tem da adoração cristã primitiva relatada por Plínio em uma carta a Trajano (111-112 d.C) e bem conhecida, na qual ele faz referência à prática do canto de antífonas 'a Cristo como seu Deus.'"[3]

Quando se analisa a música na Igreja, pode-se claramente segmentá-la em cinco categorias bem definidas: adoração, edificação,

---

[2] WITT, Marcos. *O que fazemos com estes músicos?* São Paulo: Editora W4, 2008. Pág. 32.
[3] HURTADO, Larry W. *As origens da adoração cristã.* São Paulo: Editora Vida Nova, 2011. Pág. 106.

proclamação, guerra espiritual e comunhão. Não importa se são tiradas diretamente da Palavra (Salmos, evangelhos ou profetas), se foram compostas pelos irmãos no decorrer da História (caso dos hinos), terem sido geradas de forma espontânea pelo Espírito Santo (os cânticos espirituais), ou se fazem parte do acervo da Igreja atual que produz milhares de discos, vídeos e DVDs dos mais diversos estilos, línguas e ritmos, executados por uma infinidade ainda maior de músicos que constantemente surgem nas igrejas. No final, todas acabam pertencendo a uma dessas cinco categorias.

A MÚSICA COMO INSTRUMENTO DE ADORAÇÃO A DEUS

O homem foi criado para a glória de Deus, conforme o texto de Efésios 1:4-6: "[...] Nos escolheu antes da fundação do mundo, para sermos santos e irrepreensíveis [...] para louvor da glória da sua graça". Sendo a música uma das formas de louvor, podemos afirmar que ela foi colocada em nós como um dom de Deus, feito para glorificar o Pai, entronizar o Filho e dar lugar ao Espírito. Desta forma, as artes, incluindo a música e tudo que fazemos e expressamos, devem, acima de tudo, apontar e glorificar a Trindade Eterna e jamais a nós mesmos; juntamente à nossa maneira de cantar, tocar, se portar e vestir. Enfim, tudo foi criado por Ele e para Ele (Colossenses 1:16), e nós existimos para Ele, pois Nele foram criadas todas as coisas.

Na história de Israel vemos que há um destaque para a música como algo santo para Deus. Desde Abrão, o patriarca dos hebreus, a adoração é uma realidade constante na nação israelita. A palavra "adoração" aparece pela primeira vez em Gênesis 22:5. A partir daí, a veremos por todo o texto bíblico. Especificamente no livro de Salmos que possui dezenas de textos que eram cantados pelo povo de Deus, a música acompanha a atitude de adorar. Leia alguns exemplos.

"Então o rei se afeiçoará da tua formosura, pois ele é teu Senhor; adora-o" (Salmos 45:11).

"Ó, vinde, adoremos e prostremo-nos; ajoelhemos diante do SENHOR que nos criou" (Salmos 95:6).

"E pôs um novo cântico na minha boca, um hino ao nosso Deus; muitos o verão, e temerão, e confiarão no Senhor" (Salmos 40:3).

"Servi ao SENHOR com alegria; e entrai diante dele com canto" (Salmos 100:2).

"Todas as nações que fizeste virão e se prostrarão perante a tua face, Senhor, e glorificarão o teu nome" (Salmos 86:9).

"Adorai ao SENHOR na beleza da santidade; tremei diante dele toda a terra" (Salmos 96:9).

"Dai ao SENHOR a glória devida ao seu nome, adorai o SENHOR na beleza da santidade" (Salmos 29:2).

"Entraremos nos seus tabernáculos; prostrar-nos-emos ante o escabelo de seus pés" (Salmos 132:7).

"Exaltai ao SENHOR nosso Deus e adorai-o no seu monte santo, pois o SENHOR nosso Deus é santo" (Salmos 99:9).

"E todos os reis se prostrarão perante ele; todas as nações o servirão" (Salmos 72:11).

Adoração verdadeira é sempre sublime e pura. Como já dissemos, ela não é um estilo de música, mas um estilo de vida. O dr. Shedd fez a seguinte observação: "Jesus disse que Deus procura 'verdadeiros adoradores que adoram o Pai em Espírito e em verdade' (João 4:23). Quem são os verdadeiros adoradores? Paulo afirmou que a verdadeira adoração é aquela que se oferece a Deus pelo Espírito, não confiando na carne, mas gloriando-se em Cristo Jesus" (Filipenses 3:3).[4]

---

[4]SHEDD, Russell. *Adoração bíblica*. São Paulo: Edições Vida Nova, 2007. Pág. 9.

Grande parte das músicas que Deus tem me dado o privilégio de compor tem esse enfoque: adoração. "Jesus em Tua presença", "Te contemplo, ó Pai, na beleza da tua Santidade" e "Minh'alma engrandece ao Senhor", são alguns exemplos. Observo que essa é também a ênfase de outros compositores: "Ao Único" (Bené Gomes), "Em Adoração" (Sóstenes Mendes), "Diante do Trono" (Ana Paula Valadão Bessa), "Sala do Trono" (Alda Célia), "Em tua presença" (Daniel de Souza), "Bem Supremo" (Adhemar de Campos), "Poderoso Deus" (Antônio Cirilo) e muitos outros.

Quando a música é usada como um instrumento de verdadeira adoração, ela é poderosa, pois tem a capacidade de abrir caminhos para a alma humana como nenhuma outra arte ou atitude humana consegue. A música facilmente faz com que ideias, princípios, valores de fé, convicção de pecado, alegria, esperança e paz surjam no coração. Se o Diabo usa a música como agente de disseminação das trevas, prostituição, mentiras e raciocínios falsos (sofismas), quanto mais Deus que é o próprio criador da música sabe utilizá-la. Poucas coisas no universo são tão perfeitas. Enquanto ouvíamos uma música de adoração de extrema beleza em um estúdio em Beirute, Líbano, um pastor americano chamado Gary Clark surpreendeu-me com uma belíssima dedução: "A música tocada com arte para Deus é a maior prova contra a teoria da evolução." Ampliando este conceito digo que só o homem regenerado e inspirado por Deus pode produzir música que nasce em Deus e volta para Ele.

Tenho visto alguns líderes usarem a música apenas como entretenimento nos cultos e reuniões, o que, a meu ver, perde sua razão de ser. Quando Don Stoll e eu passamos a viajar pelos Estados Unidos, Brasil e Argentina, após termos gravado nosso primeiro LP, *Celebraremos com Júbilo* (Life, 1978), o grande diferencial não era nossa musicalidade. Não queríamos levar às igrejas apenas mais um disco ou algum modismo musical. Queríamos expressar adoração verdadeira gerada pelo Espírito Santo em nossos corações. Graças a Deus, nosso alvo foi alcançado, quando vimos se levantar toda uma nova geração de adoradores que permanece frutificando até os dias de hoje.

A MÚSICA COMO INSTRUMENTO DE EDIFICAÇÃO DO CORPO DE CRISTO

Em 1Coríntios 14:3 aprendemos que a profecia é para edificar, consolar e exortar, isto é, para incentivo à verdade, ao cântico, à alegria e à comunhão entre os irmãos. Acima das muitas missões inerentes ao ministério musical, os músicos têm função profética. Haja vista essa verdade, sempre tenho em meu coração uma pergunta a respeito de tudo que escrevo, toco ou canto: "Edifica?" Se o que estou fazendo é instrumento de edificação na vida de meus irmãos, se os une e abençoa, sei que provém do altar de Deus.

Edificação tem a ver com inspiração. E a música, não há dúvidas, inspira. Inspirar é gerar vontade para realização de alguma coisa. A música de Deus nos inspira a buscar a Deus e a viver com Ele e para Ele. No grego existe uma palavra de onde se traduziu o verbo inspirar — *pneustos* — cujo significando é respirar, soprar, inspirar. Quando se diz que algo foi inspirado por Deus, usa-se outra palavra *theopneustos*.[5] Ampliando o conceito de inspiração, poderíamos acrescentar a palavra "entusiasmo", que significa "ser cheio de Deus". Conclusão: uma pessoa inspirada é alguém a qual Deus soprou dentro dela Seus sonhos, pensamentos, sentimentos e virtudes.

Edificação significa também construção de princípios, de valores, de sentimentos e fundamentos da verdade. Em tudo isto, a música é um instrumento de valor inigualável, pois quando cantada

---

[5]VINE, W. E.; UNGER, Merril F.; WHITE JR., William. *Dicionário VINE*. Rio de Janeiro: CPAD, 2002. Pág. 715.

contendo esses valores, ela, por certo, irá colaborar para a edificação de quem canta e de quem ouve. "A adoração é transformadora em essência. Somos ensinados em 2Coríntios 3:18 que, quando vemos ou contemplamos a glória de Deus, somos transformados 'na sua própria imagem'. Logo, somos moldados e formados pelo caráter de Deus."[6] Essa edificação acontece principalmente quando proclamamos literalmente a Palavra, ou seja, da maneira como está escrita ou interpretada de maneira correta ou ungida, pois ela é eficaz nessa obra de edificação. Desde o início de nosso ministério, aprendi com o missionário americano Don Stoll a cantar a Palavra, ênfase esta que tenho ensinado no decorrer do ministério para que outros façam o mesmo. Quanto mais cantamos a Palavra, mais nos enchemos dela e mais a proclamamos.

Edificar é também consolar. Uma das tarefas do Espírito de Deus no mundo é consolar. Consolo é a cura da alma. É trazer alento para quem sofre e sente dor, para quem perdeu ou é vítima do Diabo. Muitas vezes, fui consolado por Deus por intermédio de uma canção, e creio que esta é a experiência de muitos. Com o alcance que a música tem em nossa alma, aliado ao poder da Palavra e da poesia inspirada por Deus, a música se torna um agente poderoso de cura e consolo. Na história de Davi, há um exemplo clássico nessa área, quando o rei Saul era livre de opressão por intermédio da música. "E quando o espírito maligno da parte de Deus vinha sobre Saul, Davi tomava a harpa, e a tocava com a sua mão; então Saul sentia alívio, e se achava melhor, e o espírito maligno se retirava dele" (1Samuel 16:23). Em minha jornada já vi isso acontecer centenas de vezes. Pessoas oprimidas, atormentadas, e em profundo sofrimento foram de fato restauradas pelo poder

---

[6]NOLAND, Rory. *O artista adorador*. São Paulo: Editora Vida, 2007. Págs. 101, 102.

do louvor e da adoração. As reuniões da Igreja precisam promover isso. As vidas necessitam receber o consolo de Deus em nosso meio. Os líderes de louvor têm que entender que esta é uma das suas funções: serem facilitadores do Espírito Santo para promover essa consolação no meio da Igreja, como escreve Estevam de Souza: "Se aumenta a aflição, a consolação supera, pois o Espírito Santo é o Consolador. Foi, sem dúvida, sob a influência confortadora do Espírito Santo que Paulo e Silas, feridos pelos açoites, presos e algemados 'à meia-noite, oravam e cantavam louvores a Deus' (Atos 16:25). Ele conforta pela aplicação das promessas, inclinando a nossa vontade à profunda submissão a Deus, e isto constitui uma verdadeira segurança."[7]

A MÚSICA COMO INSTRUMENTO DE PROCLAMAÇÃO DA PALAVRA AO MUNDO

Uma das características de um músico no altar é que a música por Ele produzida proclama com clareza a Palavra de Deus. Vivemos numa época em que alguns imaginam que podem proclamar o evangelho com metáforas e meias-verdades, com os nomes de Deus, de Cristo e do Espírito Santo escondidos em meio a ideias e palavras humanas. Discordo radicalmente do uso de mensagens encobertas que roubam a identidade e a clareza do evangelho; de músicas que não falam o nome de Deus ou de Cristo Jesus, e que podem ser usadas para enaltecer qualquer entidade, ou até mesmo pessoas. Lembro-me de quando um dos *Beatles*, George Harrison, lançou uma música que dizia *"My sweet lord"* (Meu doce senhor), expressão esta muito usada na época referindo-se a Jesus. O que muita gente não sabe é que, para ele, *"lord"* era *Chrishna*, uma entidade do Hinduísmo.

---

[7]SOUZA, Estevam Ângelo de. *Nos domínios do Espírito*. Rio de Janeiro: CPAD, 1998. Pág. 70.

A música do altar deve ter fonte e destino claros. É gerada por Deus, proclama a Palavra de Deus, fala o nome de Deus e gera a vida de Deus. Quando tínhamos nosso grupo de evangelismo chamado Gottfridsson, a maioria de nossas músicas visava proclamação do evangelho. A linguagem clara, simples e baseada na Palavra de Deus sempre foram fundamentos de nossa composição.

Tenho ensinado o que aprendi, que o evangelho não deve ser camuflado, pois é o poder de Deus para a salvação de todo aquele que crê. A Bíblia é perfeita e clara para levar o homem a Deus. A linha mundana que tem entrado na Igreja que tenta camuflar a Palavra de Deus e o nome de Jesus é enganosa e não produz vida. A vida não pode ser alcançada de forma híbrida. Sobre o poder da Bíblia, William Plumer não faz rodeios: "Enquanto outros livros informam e poucos reformam, só este livro transforma."[8]

A MÚSICA COMO INSTRUMENTO DE CONFRONTO ÀS POTESTADES ESPIRITUAIS

Música gerada debaixo de uma vida no altar, por certo, irá movimentar o mundo espiritual. Não apenas confrontando potestades, mas também distribuindo a bênção e graça de Deus no meio do povo, libertando, curando e trazendo salvação às vidas presentes. "Cada pancada castigadora, com a vara, que o Senhor lhe der, será ao som de tamboris e harpas; e combaterá vibrando golpes contra eles" (Isaías 30:32).

Há algum tempo, em meio a uma gravação, a presença de Deus era tão forte que o Espírito Santo começou a curar pessoas, uma vez que cadeias de enfermidades foram visivelmente quebradas. Em outra ocasião, um pastor falou comigo, depois de um tempo

---

[8]BLANCHARD, John. *Pérolas para a vida*. São Paulo: Edições Vida Nova, 1993. Pág. 47.

de adoração: "Hoje as escamas que estavam em meus olhos caíram e, agora, consegui achegar-me ao coração de Deus".

Estive presente em muitas reuniões que, em meio às músicas que proclamavam a vitória do Senhor, pessoas obtiveram vitórias nunca antes alcançadas. Eu poderia contar uma infinidade dessas histórias. Uma, em especial, corrobora perfeitamente o presente ensinamento. Certo dia, uma senhora me telefonou dizendo que seu marido estava trancado no quarto com um revólver, ameaçando se suicidar. Confesso que não sabia exatamente o que fazer. Todavia, por inspiração divina, pedi a ela que colocasse para tocar bem alto uma música de louvor que falava da "vitória do Senhor". Menos de uma hora depois, eu estava falando ao telefone com aquele homem. Enquanto a música de louvor tocava em sua casa, aquele espírito de morte foi vencido, e arrependido o homem saiu do quarto. A música do altar proclama e promove a vitória contra o inimigo. Na igreja brasileira temos muitos cânticos que trazem essa ênfase, entre eles: "Nosso General é Cristo", "Leão de Judá", "Toca a trombeta em Sião, deixa o inimigo ouvir".

"Cada vez que tomamos em nossas mãos nosso instrumento para tocá-lo na presença do Senhor, algo poderoso acontece no reino das trevas: a vara da justiça do Senhor vem sobre o inimigo! Cada vez que tocamos os instrumentos, ou aplaudimos, ou levantamos nossa voz para declarar a grandeza de nosso Senhor, inicia-se uma guerra! É um dos resultados de tocar e cantar para o Senhor. O texto de Salmos 68:1 ensina que o resultado direto de 'elevar' a Deus é a fuga dos inimigos de Sua presença. Eles não aguentam permanecer onde o Senhor está sendo exaltado, glorificado e louvado, então só lhes resta uma opção: fugir."[9]

---

[9] WITT, Marcos. *O que fazemos com estes músicos?* São Paulo: Editora W4, 2008. Pág. 62.

A MÚSICA COMO INSTRUMENTO DE COMUNHÃO ENTRE OS IRMÃOS

Em João 17, Jesus ora para que sejamos "um", e salienta que a Sua glória em nós visa à unidade. Por certo, quando cantamos verdades que promovem a unidade, elas se tornam realidade em nossa vida. Já dizia o filósofo: "O homem é feito para a sociedade, e os cristãos, para a comunhão dos santos".[10]

Há alguns anos, inspirado por meus queridos companheiros de ministério em Porto Alegre, Jan e Martha Gottfridsson, escrevi um cântico de comunhão intitulado "Alto Preço" (Asaph Borba e Jan Gottfridsson). Esta música fala da importância da unidade na vida da Igreja e tem gerado amor e comunhão sempre que é cantada. Desde sua composição, fruto da comunhão e relacionamento com Jan e Martha que, durante um tempo, moraram em nossa casa, esta canção tem sido um instrumento tremendamente usado por Deus para unir e aproximar os irmãos.

> Eu sei que foi pago um alto preço
> Para que contigo eu fosse um, meu irmão.
> Quando Jesus derramou Sua vida
> Ele pensava em ti, Ele pensava em mim,
> Pensava em nós.
> E nos via redimidos por Seu sangue,
> Lutando o bom combate do Senhor,
> Lado a lado trabalhando, Sua Igreja edificando,
> E rompendo as barreiras pelo amor.
> E na força do Espírito Santo, nós proclamamos aqui

---

[10]BLANCHARD, John. *Pérolas para a vida*. São Paulo: Edições Vida Nova, 1993. Pág. 66.

Que pagaremos o preço de sermos
Um só coração no Senhor;
E por mais que as trevas militem e nos tentem separar,
Com nossos olhos em Cristo, unidos iremos andar.

Alto Preço
Asaph Borba e Jan Gottfridsson

Como esse cântico, existem muitos outros, verdadeiros hinos de amor e comunhão, que levam a Igreja a uma atitude de unidade, de reconhecimento da importância e valor mútuo, que rompem com a individualidade e agregam riqueza ao plural e comunitário Reino de Deus. Apenas como exemplo, posso citar "Aliança" (Bené Gomes), "Corpo e Família" (Daniel de Souza), "Como em Jerusalém" (Sóstenes Mendes), "Meu irmão eu preciso de Ti" (Don Stoll), entre outras.

A MÚSICA COMO INSTRUMENTO EFICAZ PARA NOS ENCHERMOS DA PALAVRA DE DEUS

Na década de 70, quando Don e eu começamos a ministrar ao Senhor em meio à renovação espiritual, em Porto Alegre-RS, a maioria de nossas músicas era diretamente tirada da Palavra de Deus. Tínhamos todas as verdades acerca do propósito de Deus e da vida de Cristo literalmente cantadas. Nosso primeiro LP, "Celebraremos com Júbilo" (Life, 1978), era quase todo composto de letras literalmente iguais aos textos de Salmos. Temos persistido nessa visão, há quase 40 anos, e hoje vemos outros ministérios seguindo a mesma linha.

Quando a Palavra é musicada ela se torna um poderoso instrumento para possibilitar o que diz Colossenses 3:16: "Habite ricamente em vós a palavra de Cristo, instruí-vos e aconselhai-vos mutuamente em toda a sabedoria, louvando a Deus com salmos, hinos e cânticos espirituais, com gratidão em vosso coração". Quando cantada, a Palavra de Deus potencializa sua influência e poder de penetração, pois a música é arte que chega facilmente ao coração. É difícil encontrar alguém que já não foi tocado profundamente por uma música que fala de Deus. Recentemente, vi a cantora Aline Barros cantando em um programa de audiência nacional. A canção falava sobre milagres e transformação. Em um determinado momento, a apresentadora Xuxa rendeu-se ao que ouvia e, visivelmente, mostrou sua emoção. Este é um simples exemplo que mostra a força da mensagem cantada. Quando música ungida e mensagem bíblica se juntam, o poder é infinito. "A adoração se firma nessas duas bases de louvor ao Senhor e na sua Palavra, que recebemos por ser originalmente inspirada pelo Espírito de Deus. A música sustenta, dá coragem e anima os que se sentem isolados ou alienados. Os primeiros mártires lançados às feras na arena foram fortalecidos pela música, para enfrentarem a entrega da oferta máxima de sua fé."[11]

---

[11]SHEDD, Russell. *Adoração bíblica*. São Paulo: Edições Vida Nova, 2007. Pág. 110.

CAPÍTULO NOVE

Cantar

O meu louvor é fruto do meu amor por Ti, Jesus,
De lábios que confessam o teu nome,
É fruto de Tua graça e da paz que encontro em Ti
E do Teu Espírito que habita em mim,
Que habita em mim.

O meu louvor é fruto
ASAPH BORBA — 1983

Creio que o cântico foi a primeira expressão artística do homem. Sabemos que no Céu há cântico (Apocalipse 5). O ato de cantar não foi dado pelo Criador apenas como uma linda expressão de arte humana. Ele vai além disso. Cantar é uma expressão divina colocada no homem. O canto inspira, cativa e seduz, desde o início dos tempos. O canto está presente em todas as narrativas, tradições e lendas da antiguidade, desde a longínqua China até as civilizações mais conhecidas do Oriente Médio, Américas, Europa e África. O canto embala a criança, encoraja o soldado, cativa um coração apaixonado e se derrama em melancolia pela perda de um amor. Cada geração é marcada por um estilo musical. Praticamente, todos os movimentos sociais de expressão tiveram algum estilo musical como suporte. Exemplo recente é o *rock'n roll*, estilo musical que alavancou boa parte da revolução cultural do século

XX, a partir da década de 1950. O mesmo se passa na Igreja. As verdades de Deus tomam outra força quando cantadas.

O CANTAR LIBERA NOSSA ALMA

O texto de Salmos 103:4 revela que Deus "tira tua alma da cova e te coroa de graça e misericórdia". No decorrer da vida, é possível ver que muitas pessoas vão entrando em covas existenciais que as tornam amargas, depressivas, descontentes com tudo e com todos. Um dos primeiros sintomas disso é quando alguém para de cantar e louvar a Deus. Certa vez, encontrei uma senhora que me disse que, mesmo crente em Jesus, nunca mais seria feliz devido ao infortúnio que assolou sua vida: a perda de um filho. Pessoas assim estão por toda parte e em número cada vez maior, mesmo entre os cristãos. São dilemas profundos que trazem tristeza, desconsolo, mágoas e ressentimentos que as atiram em abismos profundos. O cantar pode ser um instrumento de alívio e restauração. Principalmente, quando decidimos que o nosso cantar é para Deus, nos sentiremos ainda mais libertos.

O cantar mexe com todo o nosso ser. Está provado que, quando cantamos, tudo em nós se move, desde os músculos faciais menores até os pontos mais íntimos da alma. Comprovadamente, quem canta sofre menos com os traços e efeitos da velhice. O texto de Salmos 142:7 revela: "Tira a minha alma do cárcere para que eu dê graças ao teu nome". O Inimigo sempre procura pôr nossa alma em cárceres: da tristeza, da depressão, da acusação, do pecado, do desânimo, da falta de perdão e da ansiedade. Quando nos sentimos presos por alguma situação, a primeira coisa que se fecha são os nossos lábios. Quando o povo de Israel foi aprisionado e levado para o cativeiro na Babilônia, penduraram suas harpas e pararam de cantar e de louvar a Deus (Salmos 137:2). Calar os lábios não é a melhor solução.

Quem aprende a cantar louvando e adorando a Deus, dificilmente entra em prisões e, mesmo que venha alguma circunstância na vida e na alma, sempre estará livre para expressar e confiar no livramento do Senhor que, por certo, virá em seu socorro, pois cantar é uma poderosa arma espiritual.

"Está claro que o Senhor deu à raça humana habilidade para criar e reagir à música. No início das Escrituras lemos: 'Então, entoou Moisés e os filhos de Israel este cântico ao SENHOR, e disseram: Cantarei ao SENHOR, porque triunfou gloriosamente' (Êxodo 15:1). Cada vez que Deus fazia grandes coisas, Seu povo explodia em canções de louvor. Cantar quando se está contente e cheio de alegria é uma expressão muito natural. Deus nos dá uma música alegre quando tudo vai bem. Considere o assobio de um homem envolvido num serviço que lhe satisfaz (é muito incomum ouvir um assobio de alguém desanimado ou para quem a vida perdeu o sentido). Há duas razões que explicam a falta de música entre as pessoas da nossa sociedade atual. A primeira é a pressão da vida sem propósito (sem Cristo) em nosso mundo explosivo e febril que tira a música de uma pessoa. A segunda razão é que o fato de estarmos rodeados por música — em casa, no carro, trabalho, consultório, restaurante e tantos outros lugares — nos induz a cantarmos bem menos. Precisamos de silêncio repleto de consciência de Deus e de tudo que Ele tem feito em Cristo Jesus. Pouco depois você preencherá o silêncio com a sua música!"[1] Quando começamos a louvar com nossos lábios, certamente, isso mexerá com o mundo espiritual ao nosso derredor.

No ano de 1996, enquanto eu estava realizando um projeto de adoração em Cuba, recebi a notícia de que, em Porto Alegre,

---

[1] ALLEN, Ronald e BORROR, Gordon. *Teologia da adoração*. São Paulo: Editora Vida Nova, 2002. Pág. 155.

minha esposa, Lígia Rosana, tinha sido assaltada, e com ela minha sogra e minha filha. Rosana estava grávida de oito meses, porém, isso não impediu o ladrão de lhe apontar uma arma e, por fim, acertar-lhe um tiro. Por vários dias, Rosana permaneceu na UTI, pois tanto ela quanto o bebê corriam risco de morte. Graças a Deus, no final de tudo, ambas as vidas foram salvas, entretanto, nossas almas entraram numa cova onde havia medo, insegurança e mágoa. Nos dias que se seguiram, muitos irmãos vieram à nossa casa para cantar e louvar a Deus e, até o nascimento de nosso filho André, quatro semanas depois, Deus já havia nos curado. Posso, sem dúvida, afirmar que o que tirou as nossas almas do cárcere foi a adoração. "Está alguém entre vós sofrendo? Faça oração. Está alguém alegre? Cante louvores" (Tiago 5:13).

Cantar fortalece nossa constante comunhão com o Senhor

Ao escrever sobre a igreja primitiva, o historiador Flávio Josefo destacou que os cultos eram realizados em meio a muitos cânticos de louvor a Deus. Nos escritos de Paulo, detectamos várias referências a esses cânticos. Em 1Coríntios 14:15, o apóstolo fala em cantar com o espírito e com a mente, e da constância com que seu coração cantava. Em Efésios 5:19, ele conclama a Igreja a entoar (cantar) com "salmos", que foram ganhando melodias no decorrer da História, "hinos" que eram composições já surgidas na Igreja, e "cânticos espirituais" que eram melodias espontâneas, as quais o Espírito começava a trazer para a vida do povo de Deus. Em Colossenses 3:16, Paulo enfatiza novamente que o louvor a Deus deve também ser com o uso de "salmos, hinos e cânticos espirituais", como fruto do habitar ricamente em nós a Palavra de Cristo; sendo também parte da comunhão e comunicação cristã.

Se nos dias de Josefo e Paulo houvesse escrita musical ou alguma outra forma de gravação, por certo, hoje teríamos algumas partituras dos cânticos de Paulo e dos demais apóstolos e discípulos da igreja primitiva. De Paulo até os nossos dias, quase dois mil anos se passaram. Naquele tempo, a música se perpetuava por meio da oralidade. Com o surgimento da escrita musical, o acervo de músicas, geração após geração, naturalmente foi aumentando. A partir do desenvolvimento da imprensa, o processo tomou vida com o aparecimento da ideia de escrita sinfônica que podia ser impressa e levada para outros lugares e assim ser perpetuada. No final do Século XIX, o rádio e os primeiros meios de gravação fizeram da música uma grande força que chega aos nossos dias em forma de CDs, DVDs, Blue-rays, de modo digital e pela Internet. Hoje, milhares de pessoas podem ouvir a mesma música ao mesmo tempo. Contudo, apesar de toda essa evolução, o alvo e a necessidade continuam os mesmos: comunhão constante com Deus. Se a música que produzimos não tiver este alvo, não cumprirá o seu papel. "A comunhão com Deus é o princípio do Céu."[2]

Existem lugares onde a igreja não passa de poucas pessoas reunidas em uma sala. Conversando com esses irmãos, soube que uma das coisas que mais fortalece a comunhão com Deus é o cantar. Ao participar de uma igreja assim no Marrocos, percebi que a sala de reunião era revestida acusticamente, semelhante a um estúdio de gravação. Aquilo me chamou a atenção, por isso perguntei a razão já que ali não era um estúdio. O irmão me respondeu que fizera aquele revestimento acústico para que os irmãos pudessem cantar livremente.

[2]BLANCHARD, John. *Pérolas para a vida*. São Paulo: Edições Vida Nova, 1993. Pág. 67.

Cantar fortalece a nossa fé

Sempre que Deus traz uma verdade nova à Igreja, ela chega também pela música cantada. Desde os primeiros passos do povo de Deus, as verdades e doutrinas foram cantadas. Sobre isso, o historiador Larry Hurtado escreveu: "A reunião de adoração não era apenas a ocasião em que o júbilo e o fervor cristãos eram expressos de forma coletiva. Era também uma oportunidade e um meio extremamente importante de renovar o fervor religioso compartilhado por meio da adoração, do louvor e dos fenômenos que acompanhavam o culto. Não é preciso muita imaginação ou argumentação para perceber que o cultivo do entusiasmo religioso se dá de maneira mais eficaz e duradoura nos atos coletivos de afirmação e de celebração. O apelo à perseverança falada em Hebreus 10:19-25, mostra aos crentes [em Jesus] que não devem jamais negligenciar os encontros de adoração e, por meio deles, o encorajamento mútuo."[3]

Durante a Reforma Protestante, Martinho Lutero levantou-se com novos cânticos. Entre os Metodistas, na Inglaterra, Carlos Wesley, irmão de João Wesley, proclamava cantando as verdades piedosas restauradas. De igual modo, em nosso presente século, temos também cantado o propósito de Deus, a unidade, a batalha espiritual, a glória e a majestade de Deus.

Recentemente, em um dos países muçulmanos, houve uma perseguição às igrejas. Muitos pastores e ovelhas foram presos por promoverem reuniões cristãs. Ao serem libertados, muitos deles não queriam mais saber do evangelho. Inconformados, alguns irmãos começaram a orar a fim de buscar a maneira correta para fortalecer os cristãos naquele país para que, ao serem perseguidos,

---

[3] HURTADO, Larry W. *As origens da adoração cristã*. São Paulo: Editora Vida Nova, 2011. Pág. 66.

não abandonassem a fé. Então, o Espírito Santo lhes falou para ensinar cânticos de vitória e alegria do Senhor aos convertidos. Por vários meses, os líderes focaram no ensino de cânticos nas reuniões. Quando outra onda de perseguição aconteceu, uma "nova leva" de convertidos foi presa. Como era de se esperar, esses novos cristãos não murmuraram e não houve quem calasse os seus cânticos na prisão. Mesmo torturados estavam sempre cantando e louvando ao Senhor. Ao serem libertos, poucos se desviaram porque os cânticos de vitória fortaleceram a fé em Jesus.

Cantar nos ajuda a memorizar a Palavra da Verdade

Todos, dificilmente nos lembramos na íntegra das pregações que ouvimos nas últimas semanas, mas, por certo, estamos com os cânticos na ponta da língua; principalmente, aqueles que tocaram profundamente a nossa alma. Por isso é que Davi fala no Salmo 34 que o louvor do Senhor estará sempre nos seus lábios. Isto acontece porque letra e música, juntas, se fixam com mais facilidade em nossa mente e coração; obviamente, que ajuda o fato de ser um texto menor e mais direto. Só podemos ter sempre nos lábios o que temos em nossa mente e coração. O cantar nos ajuda a memorizar palavras e frases. Lembro-me de quando, na adolescência, me afastei dos caminhos do Senhor. Apesar de cantar tantas outras músicas, nunca consegui apagar os hinos e cânticos que minha mãe me ensinou na infância.

Portanto, cantar nos ajuda a reter a Palavra no coração, como diz o salmista: "Guardo no meu coração as tuas palavras para não pecar contra ti" (Salmos 119:11). Quando Jesus, em João 8:51, ensinou sobre o guardar a Palavra, por certo, estava falando também da música. "Os cânticos de louvor e adoração mais fortes sempre são textos bíblicos musicados. Simplesmente porque a Bíblia é a Palavra de Deus viva, inspirada e infalível".[4]

CANTAR UNE O POVO DE DEUS

Quando vejo as pessoas cantando a uma só voz, a imagem que capto é de união. As mais fortes experiências de unidade do povo de Deus que tenho visto são quando o povo está reunido, cantando e adorando ao Senhor a uma só voz. À luz de Salmos 133, entendo que, quando a Igreja louva, adora e ora em um só coração, é praticamente impossível Deus não ouvir e não liberar sobre ela a Sua bênção. Há alguns anos, o rumo do Brasil começou a mudar quando uma representativa multidão do povo de Deus marchou com alegria, júbilo e celebração, na cidade de Brasília, proclamando o senhorio de Jesus sobre nossa nação. No dia seguinte a essa marcha, o Presidente da República mandou chamar os pastores para orarem também por ele, reconhecendo, assim, que Deus estava fazendo algo em nosso país. A Igreja que canta em unidade — e não apenas unida — diante do Senhor, pode esperar resposta.

Em muitos lugares onde imperava o racismo — Estados Unidos, África do Sul e Inglaterra —, foi na Igreja, em meio ao povo de Deus, que a separação começou a ser rompida. Na celebração do povo de Deus, em meio aos cânticos, negros, brancos e outras etnias, se tornaram um só povo. O livro "Atitude de ser um" registra um interessante episódio que ilustra bem como o cantar pode ser um instrumento divino de unidade.

"Logo que chegaram a Londres, durante um culto, Abílio e Neid ouviram uma outra música, que vinha do fundo. Mais tarde Ed explicou que o som era de uma igreja de negros, que alugava o

---

[4] ZSCHECH, Darlene. *Adoração extravagante*. Belo Horizonte: Editora Atos, 2004. Pág. 151.

salão da parte de trás. Abílio logo teve a ideia de realizar um culto com as duas igrejas reunidas, a dos negros e a dos brancos. Quando perguntado da possibilidade de que isso acontecesse, Ed falou: Pai, não mexe com isso, pois estamos na Inglaterra. Ah, mas nós precisamos ajuntá-los — respondeu Abílio. Mas Ed disse: - Pai, estamos na Inglaterra. [...] Na insistência do pai, Ed conseguiu que o culto fosse marcado. Foi mesmo um dia histórico. Havia três fileiras de bancos: duas delas foram reservadas para os brancos e a outra para os negros. A divisão estava estabelecida. [...] Foram tomando seus lugares e, de um ímpeto, sem que ninguém esperasse, Neid saiu do lugar dos brancos e foi sentar-se no meio dos negros. Foi uma atitude corajosa. Nem todos notaram, mas os que viram tinham um ar de surpresa misturado com expectativa, principalmente, é claro, Abílio. Então, uma irmã negra levantou-se e sentou-se no lado dos brancos. A partir desse momento, algo aconteceu, começou um movimento naquele lugar. Outros se levantaram e logo a ala central estava repleta de gente se cumprimentando. O gelo havia se quebrado. A atitude de duas pessoas mudou completamente o ambiente. [...] Os hinos foram cantados com mais entusiasmo e quando chegou o momento dele passar a palavra para o pastor negro, o Céu se abriu. [...] Nós estávamos propícios àquilo. Foi um milagre, uma bênção tremenda!"[5]

O CÂNTICO É UM INSTRUMENTO PODEROSO DE PROCLAMAÇÃO DO EVANGELHO

É provado que aquilo que cantamos é muito melhor memorizado do que o que falamos ou ouvimos. Por essa razão, as empresas sempre utilizam músicas publicitárias (chamadas *jingles*) a fim de

[5]CHAGAS, Ed e LOPES, Marcus. *Atitude de ser um*. Bauru: Editora CMC, 2009. Págs. 89, 90.

fixarem as marcas dos seus produtos na mente da população. O evangelho é algo que precisa ser "vendido" (no sentido de colocado à disposição das pessoas), pois é nosso dever como cristãos propagá-lo e inculcá-lo no mundo. E o cântico é uma das melhores ferramentas para cumprirmos essa missão. Nos últimos anos, por exemplo, Deus tem nos usado para pregar em países de difícil entrada do evangelho. A estratégia tem sido por meio da música. Já produzimos CDs cantados em mais de dez diferentes idiomas e distribuímos, para milhares de pessoas, músicas que proclamam a Palavra de Deus e o Evangelho de Cristo. Dessa forma colocamos nas mãos dos irmãos uma ferramenta preciosa de proclamação. Fizemos o mesmo na Colômbia onde produzimos um disco com cânticos evangelísticos que foi distribuído no meio das guerrilhas que infestavam aquele país. As músicas se tornaram preciosas sementes distribuídas entre os guerrilheiros necessitados de Deus.

O CANTAR É UMA FERRAMENTA
ESPIRITUAL DE GRANDE VALOR

Assim como os demônios não resistem frente à música de Deus como um todo, eles também não resistem ao cântico da Igreja, tanto individual quanto congregacional. Onde há louvor verdadeiro, as trevas não prevalecem. Temos experimentado, nesses muitos anos de ministério, o quanto o cantar afasta as trevas. Isso, porque os dois fundamentos do cântico da Igreja resistem às trevas: a verdade e a unção demonstrada pela presença do Espírito Santo no meio dos louvores. Davi já dizia: "Deus habita no meio dos louvores do seu povo" (Salmos 22:3).

Don Stoll nos ensinou muito sobre isso. No princípio da comunidade à qual pertencemos em Porto Alegre, chegavam muitos endemoninhados que eram libertos por meio dos cânticos que Don entoava ao Senhor. A maior arma de libertação para a Igreja nos países árabes que estão subjugados pela força espiritual do Islã é, sem dúvida, o cantar para Deus. Isso de fato tem fortalecido a Igreja e, nesses últimos dias, quando um novo mover de louvor e adoração nasce por meio da produção de CDs, DVDs, programas de TV, videoclipes e tantas mídias que formam o todo dessa grande revolução, as trevas retrocedem e o Evangelho avança.

CAPÍTULO DEZ

Tocar

Toca a trombeta em Sião,
Deixa o Inimigo ouvir,
Pois, a vitória na Casa de Deus
Veio em Jesus se cumprir.

Toca a trombeta
ASAPH BORBA — 1991

Assim como o cantar, o tocar é um item importante da expressão humana, que também reflete a natureza divina no homem. Desde o início dos tempos, de acordo com narrativas encontradas em diferentes culturas, o homem fabrica e toca instrumentos. A sociedade moderna vive sem carro, ou mesmo sem celular, mas não vive sem música. Por isso, é um grande erro tentar extrair a música e os instrumentos musicais do culto a Deus. Seria como tirar um membro de uma pessoa. Foi Deus quem criou a música e sabe como utilizá-la com poder. Os instrumentos musicais nas mãos de pessoas ungidas por Deus são uma grande bênção, pois se tornam objetos de ministração tão poderosos quanto a voz. Quando tocados com unção, então, são capazes de produzir vida, paz, alegria e levar bênção de Deus a qualquer coração.

No Antigo Testamento

A arte de tocar instrumentos foi bastante desenvolvida nos tempos do rei Davi que, além de ser um músico que tocava harpa muito bem, era também fabricante de instrumentos musicais. Durante seu reinado, a música em Israel prosperou. Foi instituída como expressão essencial de adoração, de louvor, de júbilo e celebração no tabernáculo erguido ao Senhor. O livro das crônicas de Israel revela-nos muitos detalhes dessa época. "E disse Davi aos chefes dos levitas que constituíssem de seus irmãos, cantores para que com instrumentos musicais, com alaúdes, harpas e címbalos se fizessem ouvir levantando a voz com alegria. [...] Com eles estavam, pois Hemã e Jedutum, com trombetas e címbalos, para os que haviam de tocar, e com outros instrumentos de música de Deus [...] E quatro mil porteiros, e quatro mil para louvarem ao Senhor com os instrumentos musicais que eu fiz para o louvor, disse Davi" (1Crônicas 15:16; 16:42; 23:5).

O livro de Salmos também é riquíssimo em versos a respeito de tocar instrumentos ao Senhor. Em Salmos 68:25, Davi descreve uma passeata de adoradores: "Os cantores iam à frente e os tocadores de instrumentos de cordas em meio às donzelas com adufes". O exemplo que mais salta aos olhos sobre tocar para o Senhor está em Salmos 150:3-5: "Louvai-O ao som da trombeta, louvai-O com saltério e com harpa, louvai-O com adufes e com danças, louvai-O com instrumentos de cordas e com flautas, louvai-O com címbalos sonoros, louvai-O com címbalos retumbantes".

Em Salmos 33:3, o salmista encoraja os músicos a tocarem (ou tangerem) não apenas com arte, mas com júbilo (ou alegria) — "Tangei com arte e com júbilo". Arte fala da destreza, que vem pelo dom natural, juntamente ao treinamento e aprendizado. "A palavra hebraica usada nesta passagem é *yatab* e significa 'fazer algo bem, fazer algo bonito, agradável, e bem feito, fazer algo de uma maneira completa, detalhada e meticulosa' [...] Deus não galardoa a mediocridade! Mas sim a fidelidade, a responsabilidade e o zelo".[1] O escritor Atilano Muradas faz também uma interessante análise sobre o mesmo versículo: "Aprofundando-me em Salmos 33:3, entendi que tanger com arte significa 'tocar com técnica' e tanger com júbilo é 'tocar com a unção de Deus'. Senti-me exultante em saber que havia um princípio bíblico que falava diretamente aos músicos e, especialmente, aos tangedores, dos quais eu sou um. Percebi que deveria buscar a perfeição para servir àquele que nos convida: 'Sede perfeitos como perfeito é o vosso Pai que está nos céus' (Mateus 5:48)."[2]

Tais considerações nos levam a repensar o quanto nós músicos temos sido dedicados — ou não — em nosso ofício de tocadores da Casa de Deus. Permita-me um exemplo familiar. Meu filho André toca violino desde os quatro anos de idade. Antes de ele dar seus primeiros passos, Rosana e eu percebemos que nele havia um dom natural que poderia ser desenvolvido. Após mais de 10 anos de estudo metódico, ele se tornou um excelente músico. O exemplo dele nos mostra que não basta o dom natural para alguém ser um bom músico. É preciso estudo continuado e persistência. Cremos que a primeira parte de Salmos 33:3 já está bem desenvolvida nele. Nos últimos tempos, no entanto, ele tem buscado agregar o júbilo que, no meu entender, é um valor do coração à sua musicalidade. Penso que é isso o que cada músico deve buscar para a sua vida. Deus não ouve música como ouvimos. Ele ouve e vê, primeiramente, o coração, o mais profundo do nosso ser. A motivação que nos leva a cantar e a tocar é o mais

---

[1] WITT, Marcos. *O que fazemos com estes músicos?* São Paulo: Editora W4, 2008. Pág. 53.
[2] MURADAS, Atilano. *Decolando nas asas do louvor*. São Paulo: Editora Vida, 1999. Pág. 15.

importante para Ele. Antes de tocarmos qualquer nota, Deus já identificou e aceitou ou não a nossa adoração.

Outro relato no qual aparece um tocador de instrumento está em 2Reis 3:15, quando o profeta Eliseu chama um tangedor para uma missão especial: tocar, enquanto Eliseu profetizava. Davi, antes de ser rei, também era convidado especial do rei para tocar, mas a finalidade era outra: espantar o espírito que atormentava Saul (1Samuel 16:23). Com esse entendimento, podemos constatar o quanto o tocar fez parte da vida do povo de Deus. Até hoje, na cultura de Israel, toda a herança musical remonta ao que foi gerado na época dos primeiros reis de Israel, profundamente influenciados por Davi e os que se seguiram.

No Novo Testamento

No Novo Testamento, há poucas referências quanto ao uso de instrumentos no meio da Igreja. Em 1Coríntios 14:7-8, Paulo disse: "Da mesma sorte que as coisas inanimadas que fazem som, seja flauta, seja cítara, não formarem sons distintos, como se conhecerá o que se toca com a flauta ou com a cítara? Pois também, se a trombeta tocar de modo incerto, quem se preparará para a batalha?" Apesar do contexto dessa passagem bíblica não ser musical, o apóstolo cita os instrumentos para fazer comparações, e isso infere que havia cântico e instrumentos musicais por perto, a ponto de Paulo referi-los. Em Apocalipse, há algumas referências a instrumentos, o que nos revela que no Céu existem instrumentos musicais. Todo o relato existente sobre a Igreja primitiva, redigido pelos historiadores romanos, diz respeito a um grupo religioso cantando e louvando ao seu Deus. O culto cristão era repleto de cânticos tocados e cantados. Na história da Igreja a música foi de extrema importância, formatou as diferentes liturgias que vieram a surgir, tanto no oriente quanto no ocidente. A música como arte desenvolveu-se, sobretudo, na Igreja. Desde os cantos gregorianos até as grandes sinfonias de relevantes compositores como Bach e Handel, o objetivo era o de louvar a Deus.

QUANTO AOS INSTRUMENTOS MUSICAIS: O SANTO E O PROFANO

"A história indica que o corpo que canoniza a forma e o estilo musicais começa a 'fossilizar' bem aí. A própria natureza da música que trouxe muito bem à igreja exige que ela continue a se desenvolver e mudar. Às vezes, desejamos que ela pare, mas ela não para."[3]

Ainda hoje, existe o pensamento em meio à Igreja de que este ou aquele instrumento não é de Deus e não pode ser usado no culto. Por muito tempo, em muitas igrejas, não se podia usar a bateria, em outras, a guitarra. O violão e o atabaque eram olhados com maus olhos. Tal qual os instrumentos, os ritmos passavam pela mesma discriminação. O primeiro ponto a entender é de onde vieram tais ideias.

Na segunda metade do século XVIII, quando os primeiros missionários evangélicos chegaram ao Brasil, inicialmente, vindos da Europa e, depois, dos Estados Unidos, eles encontraram uma sociedade secularizada. O catolicismo, fé vigente e oficial, já sofria forte sincretismo com as religiões africanas misturadas com a cultura indígena. Toda essa mistura, obviamente, refletiu na formação da nossa cultura popular que tem a música como um dos seus principais pilares. Ao chegarem, os missionários perceberam que as expressões populares eram todas misturadas com a vida boêmia, libertina e sensual, tendo a malandragem como pano

---

[3]ALLEN, Ronald e BORROR, Gordon. *Teologia da adoração*. Editora Vida Nova. 2002. Pág. 161.

de fundo. Qualquer coisa que expressasse aquele modo de viver deveria ser deixado para trás, pois faziam parte de um estilo de vida fora do que Deus queria. À medida que aconteciam as conversões, as pessoas deixavam toda aquela cultura profana e impura. Assim, por mais de um século, a igreja brasileira cantou apenas os hinos acompanhados pelos harmônios, pianos e os poucos órgãos de tubo importados. Todo ritmo, instrumentos, poesia, dança e tudo mais que pudesse lembrar a cultura mundanizada brasileira, foram jogados fora, sem nenhum tipo de análise que pudesse levar a algum aproveitamento sadio de tudo que era produzido de forma espontânea, inclusive pelos cristãos nacionais. Apesar disso, os missionários não podem ser culpados de qualquer coisa. Eles fizeram o melhor por meio do conhecimento que possuíam para a época.

Esse tempo de distanciamento com a cultura brasileira, contudo, começou a mudar, principalmente, após a chegada dos alemães no Sul do país. Eles trouxeram o protestantismo luterano bem mais aberto, com música mais alegre e que foi sendo introduzida, gradativamente, aos cultos e reuniões da Igreja pela nova geração já nascida no Brasil. A Igreja passou a usar acordeões e violões e a ensaiar os primeiros cânticos espontâneos.

Outro ponto que precisamos refletir a respeito é sobre o entendimento do que é e o que não é de Deus. Deus criou todas as coisas — isso é fato incontestável —, por isso, tudo pertence a Ele. "Ao Senhor pertence a Terra e tudo o que nela se contém, o mundo e os que nele habitam" (Salmos 24:1). A razão dessa criação é também clara: Todas as coisas foram criadas para Sua glória. "Tu és digno, Senhor e Deus nosso, de receber a glória, a honra e o poder, porque todas as coisas tu criaste, sim, por causa da tua vontade vieram a existir e foram criadas" (Apocalipse 4:11). Por outro lado, está o Diabo que procura, a qualquer custo, apoderar-se das coisas de

Deus dizendo que isto ou aquilo pertence a ele, ou mesmo, foram criadas por ele. No fundo, o Diabo quer apenas a nossa alma. Ele não está interessado no meu violão ou na música que toco. Ele quer a minha alma que pertence ao Senhor. Mas, graças a Deus, que Jesus veio para resgatar a minha (e a sua) alma do Inferno. No momento em que fui resgatado por Deus, o que tinha nas mãos e usava para o mundo foi resgatado junto — meu violão, minha música e musicalidade, enfim, os meus dons.

Desde menino eu tenho um violão que meu pai me presenteou. Quando passei pelas drogas e vida dissoluta, lá estava esse violão comigo. Nos bares da vizinhança, nas rodas de fumo, em noitadas nas praças, eu sempre levava o companheiro violão que, muitas vezes, preenchia minha solidão e regava minhas alucinações. Porém, no dia em que entreguei minha vida a Cristo, meu violão também foi literalmente comigo para o altar. Desde então, ele se tornou consagrado a Deus. Quem estava nas trevas e nas drogas não era o violão, e sim, eu, Asaph. Meu violão nunca bebeu uma gota sequer de álcool ou fumou maconha. Se eu não o tocasse, ele não teria vida alguma. Portanto, quando meus lábios foram redimidos, minha música foi redimida, consagrei a Deus o meu violão, e estou com ele, até hoje, louvando ao Senhor. Desde então, santifico ao Senhor todos os instrumentos que Deus me dá. Deus está preocupado com a vida de quem toca. O ritmo e o tipo de instrumento que o músico toca são coisas secundárias.

Tal qual os instrumentos, os ritmos podem ser santificados ao Senhor. Entretanto, devemos evitar as coisas contaminadas e consagradas aos ídolos deste mundo, que foi um dos conselhos apostólicos dados aos gentios pelos líderes de Jerusalém (Atos 15:20). Alguns ritmos, contudo, devemos evitar, pois eles têm a identificação do mundanismo, e já foram deteriorados pelo seu mau uso. Sem contar que podem comprometer a edificação de muitos irmãos, ou seja, ser pedra de tropeço. Musicalmente, sei que os ritmos em si não são profanos e não agridem a Deus, afinal, Deus sempre está focado no coração do músico e não na sua música. O ritmo chamado "lambada", por exemplo, desde os seus primórdios, está relacionado com a sensualidade. Talvez, em um contexto em que não haja esta conotação, esse ritmo poderá ser aproveitado pela Igreja. Tal qual os instrumentos musicais, todos os ritmos podem ser usados para a glória de Deus. Por muito tempo me abstive de alguns ritmos em nossa congregação em Porto Alegre, pois sentia que eles não promoviam edificação na vida de alguns irmãos. Os instrumentos e instrumentistas devem ser agentes de edificação.

CAPÍTULO ONZE

Dançar

Louvai-o com adufes e com danças,
Louvai-o com instrumentos de cordas e com flautas,
Todo ser que respira louve ao Senhor.

Salmo 150
Asaph Borba — 1984

No Antigo Testamento

Deus fez do homem um ser rítmico. A dança vem desta qualidade; e foi Deus quem nos fez assim. O movimento está na criação. Toda a natureza se move harmoniosamente e ritmicamente. Tudo que Deus criou vai se movendo em um ritmo sublime desde a criação. A Bíblia possui muitos textos que falam desse movimento na criação de Deus e também das danças. "Folgue o campo e tudo o que nele há; regozijem-se todas as árvores do bosque. [...] Batei palmas todos os povos" (Salmos 96:12; 47:1). "Louvai-o com adufes e com danças" (Salmos 150:4). "Então a virgem se alegrará na dança com gozo, júbilo junto com os jovens e velhos quando tornarei o seu pranto em júbilo e os consolarei, transformarei em regozijo sua tristeza" (Jeremias 31:13). Este último texto, fala de uma mulher virgem e graciosa dançando diante do povo e diante de Deus, expressando por intermédio da arte a obra de restauração divina ocorrida em sua vida e em seu povo. É, de fato, uma visão para a Igreja. Dele podemos extrair dois ensinamentos:

Primeiro: A dança de uma virgem fala de santidade. O Diabo tem destruído a pureza e a santidade do povo de Deus. Esta foi retirada do meio da Igreja por causa da impureza incutida no coração do homem, tendo em vista que a dança se tornou sinônimo de carnalidade. Aliás, foi mais fácil retirar a dança do que restaurá-la. Nesse texto vemos a profecia de uma obra de restauração que, quando é completa, começa com santidade. Todos os movimentos de restauração da Igreja que temos notícia sempre tiveram como tônica a santidade do povo de Deus, arrependimento e retorno à pureza da comunhão com Deus.

Segundo: esse texto fala da alegria de um coração que motiva a outros. Um coração cheio de alegria dançando diante de Deus é certo que influenciará quem estiver por perto.

O texto de 2Samuel 6:12-15 narra o episódio em que Davi com toda alegria e força fez subir para a cidade de Deus a Arca da Aliança que estava na casa de Obede-Edon. Assim é o relato: "Sucedeu que, quando os que levavam a arca do Senhor tinham dado seis passos, sacrificava ele bois e carneiros cevados. Davi dançava com todas as suas forças diante do Senhor e estava cingido de uma estola sacerdotal de linho. Assim, Davi fez subir a arca do Senhor com júbilo e ao som das trombetas." Davi dançava diante do Senhor, precedido pela santidade trazida por sacrifícios de animais, os quais representavam a Cristo. Portanto, a nossa dança deve ser fruto de uma exultação da obra de Jesus em nossa vida. O seu sacrifício é que nos traz, a cada dia, a verdadeira alegria. A alegria de Davi contagiou e abençoou todo o povo, tal qual a virgem de Jeremias 31:13.

Davi foi um homem segundo o coração de Deus porque em tudo serviu a sua geração, como é citado em Atos 13:36. O texto de 2Samuel 6:19 relata que, depois que Davi trouxe a Arca para o seu lugar, ele presenteou a todos os homens e mulheres que lhe ajudaram. Ele repartiu: "Um pedaço de carne, um bolo de pão e passas". Davi, portanto, alimentou o seu povo com uma porção tripla, depois de ter dançado na presença de Deus. Até mesmo quando dançou diante do povo, a alegria do rei foi motivo de inspiração. Assim deve ser também na Igreja. Os que dançam, que possam fazê-lo promovendo inspiração, alegria e celebração diante do povo e de Deus, repartindo alimento espiritual, como fez Davi.

Atualmente, existe uma nova dança, cheia de vida e santidade, uma dança profética da noiva (a Igreja) encontrando-se com o Noivo (Jesus) que diz: "Dança comigo, amada minha!" "Cessou o júbilo de nosso coração, converteu-se em lamentações a nossa dança. Caiu a coroa da nossa cabeça; ai de nós, porque pecamos!" (Lamentações 5:15-16). A presença do pecado faz cessar a dança no meio do povo de Deus. Estou certo de que a dança será sempre um sinal da mais pura alegria em nosso meio. Tenho visto isso na vida das crianças. Quando começa o júbilo e a alegria em nossas reuniões, os primeiros a começarem a dançar são as crianças, pois são puras e verdadeiras. Por isso, Jesus nos disse para sermos como crianças.

NO NOVO TESTAMENTO

Avançando para o Novo Testamento, lemos em Apocalipse 7:9-10: "Eis que grande multidão que ninguém podia enumerar de todas as nações, tribos e povos e línguas em pé diante do Cordeiro vestido de vestiduras brancas, com palmas nas mãos." Nesse texto, encontramos outra vez alegria, júbilo, celebração e expressões físicas precedidas de santidade (vestiduras brancas). "Palmas nas mãos" mostra como o povo de Israel jubilava diante do Senhor, tal como pode ser visto na entrada triunfal de Jesus em Jerusalém (Mateus 21:8-9). Isto tudo é a dança que Deus quer restaurar na vida da Igreja. Em 1Coríntios 14, falando sobre o culto a Deus, Paulo ressalta que tudo deve ser feito para edificação. Se alguém louvar e dançar tem que edificar, dar glória a Deus e ministrar na vida das pessoas. Em nossos dias, em diferentes igrejas, podemos encontrar grupos de dança que servem ao Senhor e à Igreja. Alguns ainda precisam de ajustes, mas a maioria tem captado a seriedade de usar a habilidade de dançar para a glória do Pai e a edificação da Igreja.

NOS DIAS DE HOJE

A dança no meio da Igreja não necessita ser a toda hora. Penso que deva ser reservada para momentos especiais. Assim como existe tempo para tudo, também existe tempo de dançar. Nas festas e celebrações da igreja, devemos abrir espaço para a celebração com danças que expressa um dom genuíno que pode ser usado por Deus para trazer inspiração e alegria. Tudo que Deus fez está em constante movimento, por isso a dança, quando ungida, pode ser um singelo reflexo da criatividade do Pai. Há alguns anos, numa reunião em nossa igreja, em meio à alegria e louvor, um grupo de crianças foi à frente e começou a dançar. De repente aquela expressão tão pura daqueles pequenos motivou toda a congregação que explodiu em uma linda festa de celebração, com júbilo e danças. Tal fato revelou-me três características para a dança na Igreja.

A primeira é a espontaneidade. Tudo aconteceu naturalmente, sem forçar, sem liturgia, segundo a vontade do Espírito Santo. Numa outra reunião, um irmão também movido pelo Espírito, expressou sua alegria de maneira inusitada. Ele abriu um frasco de perfume e começou a aspergir a congregação, enquanto dançava diante de Deus e dos irmãos. Foi uma atitude espontânea que nunca vi mais ninguém fazer.

A segunda característica é a simplicidade. As crianças dançando tinham essa característica. Nenhuma sofisticação ou vergonha. Estavam ali de forma simples sem qualquer cerimônia. Simplesmente deram as mãos em uma graciosa roda e partiram para a festa.

A terceira é a autenticidade. Muitas vezes, pela elaboração e sofisticação, muitos ministérios de dança perdem esta característica, pois começam a se repetir reunião após reunião, a ponto de inibir a espontaneidade e a autenticidade. Tenho observado que diversas coreografias nascem espontaneamente entre os jovens, e isso deve ser valorizado. É maravilhoso ver no meio do povo de Deus a celebração verdadeira que gera essa dança pura e saudável que tem sido restaurada na Igreja.

CAPÍTULO DOZE

Os inimigos da vida de adoração

Deus nos criou e nos formou para um plano perfeito,
Para ser a imagem do Seu filho,
Sem mancha, sem ruga ou defeito,
Para Seu louvor e prazer,
Para guerrear e vencer.

Semelhante a Jesus
ASAPH BORBA — 2006

Nos dias atuais, em que o entretenimento é uma das molas mestras do mundo, estamos vivendo, literalmente, a Sociedade do Espetáculo. Na TV, no cinema, nos shows, etc., se não houver o "espetáculo", as pessoas não se interessam. Infelizmente, essa mesma mentalidade tem contaminado o altar do Senhor, afinal, o palco é mais atraente que o altar. E o pior é que artista e público estão com visão semelhante: O artista gospel quer fazer um show — e não ministrar a Deus — e o público quer ver show — e não adorar. Claro que falo de forma generalizada; há exeções e muitas. Mas olhando para esse espírito de show que tem crescido em nosso meio cristão, podemos constatar quanto do mundo, seus sistemas e artimanhas, têm invadido a Igreja. Não temos dúvidas que se trata de ações orquestradas pelo Diabo a fim de impedir o crescimento e o desenvolvimento da vida de adoração do Povo de Deus. Para desdobrar essa percepção, relaciono a seguir alguns inimigos da adoração, ou seja, tudo aquilo que o mundo, o Diabo e a carne, têm produzido para impedir a nossa comunhão com Deus.

Descompromisso com a presença de Deus

Há muitas razões para que o descompromisso com a presença de Deus esteja ocorrendo no seio da Igreja. Destacarei apenas algumas. A primeira é a visão distorcida do que seja viver na presença de Deus. Para muitos, que estão na Igreja, a vida cristã é apenas um acúmulo de atitudes, funções e ordenanças religiosas. Tal visão leva esse cristão a um descaso, roubando assim a profundidade das coisas de Deus. Pessoas como essas assistem aos cultos dominicais (ou semanais) por diferentes motivos (nem sempre legítimos), mas continuam a viver os demais dias sem qualquer comprometimento com o Reino de Deus. Infelizmente, é preciso dizer para alguns grupos, os cultos são apenas encontros para arrecadação financeira; para outros, um ajuntamento social; para outros, um lugar de vendas. Quando não temos o foco certo para o culto, este descompromisso pode ser alimentado até pela própria liderança.

A impessoalidade gerada pela massificação da Igreja é o segundo fator que, a meu ver, tem contribuído para o descompromisso. Quando uma pessoa se vê apenas parte de uma massa e não de um corpo vivo de filhos de Deus, ela entra e sai das reuniões como se estivesse participando de uma festa qualquer. Evidentemente, que isso se reflete na vida devocional dessa pessoa com Deus, pois ela não aprende a achegar-se ao coração de Deus pelo altar da adoração. Mesmo participante de uma massa de cristãos, sua vida está e é solitária, o que acaba por ajudar na formação de um segundo inimigo da vida de adoração: a hipocrisia (falsidade).

A HIPOCRISIA

A hipocrisia é a atitude que faz com que alguém tente aparentar ser aquilo que na verdade não é, fale daquilo que não vive, cobre dos outros aquilo que não faz. "Não há nada pior do que ser por fora aquilo que não se é por dentro" (Mahatma Gandhi).[1] A hipocrisia tem levado a Igreja a perder a sua força. Isso não é um fenômeno novo. Desde os tempos de Jesus — e também no Antigo Testamento — a hipocrisia religiosa impedia que a religião fosse um referencial para o mundo, o que acabou por criar nas pessoas certa aversão à vida religiosa. Gandhi — que não era cristão — chegou a dizer: "Admiro e aceito o seu Cristo, mas abomino o vosso Cristianismo."[2] Isso se repete quando evangelizamos. Frequentemente, ouvimos alguém expressar de sua dificuldade de se voltar para Jesus pelo fato de conviver com cristãos que dão mau testemunho. Aliás, isto aconteceu dentro da minha casa, com meu pai. Por toda a vida, ele teve dificuldades para seguir a Jesus por causa da hipocrisia de irmãos e líderes que falhavam, prometiam, mas não cumpriam. Ele não era um homem perfeito, mas tinha palavra; por isso abominava quem não honrava o que prometia. Mas, humildemente, digo que, pela misericórdia de Deus, quando ele viu a verdadeira transformação em minha vida, descobriu que a graça de Deus está acima da hipocrisia humana e que existe uma vida genuína e verdadeira, e que podemos viver na presença do Senhor. O verdadeiro adorador precisa viver aquilo que canta e cantar aquilo que vive.

O MUNDANISMO

Em muitos textos, a Bíblia encoraja o homem a amar a Deus acima de todas as coisas. O apóstolo do amor escreveu: "Não ameis

---

[1] BLANCHARD, John. *Pérolas para a vida*. São Paulo: Edições Vida Nova, 1993. Pág. 184.
[2] Disponível em: http://www.brainyquote.com/quotes/authors/m/mahatma_gandhi.html. Acesso em 28 setembro 2012.

o mundo nem as coisas que há no mundo, se alguém amar o mundo o amor do Pai nele não está" (1João 2:15). O mundo quer o nosso coração para assim nos impedir de amarmos totalmente a Deus. Quem ama o mundo e as suas coisas não consegue amar a Deus de todo seu coração. O amor ao mundo não chega de uma só vez ao coração. Ele nasce de forma sutil, como uma pequena semente de interesse por coisas próprias do mundo — música, filmes, entretenimento, conforto, prazeres — e vai, gradativamente, nos afastando de Deus. O mundanismo pode ter suas raízes, inclusive, em situações de dentro da Igreja: uma pitada de descontentamento com a igreja ou algum líder; uma questão mal resolvida. Quem está perto de Deus não pode estar perto do mundo. São polos opostos. "A amizade do mundo é inimizade com Deus. Qualquer que quiser ser amigo do mundo torna-se inimigo de Deus" (Tiago 4:4).

O mundanismo não tem fonte em si mesmo, mas, no Maligno. "O mundo jaz no Maligno" (1João 5:19). Foi ele quem deturpou o sistema do mundo com o propósito de atrair e destruir nos corações o amor a Deus. Desta forma, o cristão se torna totalmente inoperante no Reino de Deus. Um cristão com valores deturpados perde a capacidade de ter comunhão com Deus. "Hoje, então, somos confrontados por dois mundos, duas esferas de autoridade, sendo as duas totalmente diferentes e com caráter oposto. Para mim, agora, não se trata de um futuro Céu e Inferno; a questão está nestes dois mundos hoje, e se eu pertenço a uma ordem de coisas em que Cristo é o Senhor soberano ou a uma ordem oposta de coisas que tem Satanás como seu líder efetivo" (Watchman Nee).[2]

---

[2] NEE, Watchman. *Não ameis o mundo*. São Paulo: Editora dos Clássicos, 2002. Pág. 41.

Desvencilhando-se do mundanismo

Portanto, se um cristão deseja se desvencilhar do mundanismo, ele precisa ocupar a sua mente com as coisas de Deus. Ao instruir os filipenses, Paulo escreveu um dos versículos mais citados da Palavra de Deus: "Finalmente irmãos, tudo que é verdadeiro, tudo que é respeitável, tudo que é justo, tudo que é puro, tudo que é amável, tudo o que é de boa fama, se alguma virtude há e se algum louvor existe, seja isto o que ocupe o vosso pensamento" (Filipenses 4:8). Meditando sobre essas verdades, perceberemos o quanto o mundanismo tem invadido as mentes e corações. Por isso, constantemente devemos pedir ao Espírito Santo, que nos limpe e nos livre de toda influência que tenta roubar os valores de Deus.

Tudo que é verdadeiro

Uma das maiores tônicas do mundo moderno é a mentira. Jesus nos ensinou em João 8:44 que o Diabo jamais se firmou na verdade, porque nele não há verdade. Quando ele profere a mentira fala do que lhe é próprio porque é mentiroso e pai da mentira. Só Cristo pode eliminar a mentira que habita num coração. Infelizmente, as pessoas mentem para todos — pais, professores, amigos, esposa, esposo, filhos, a justiça, o fisco, etc. — e até para si mesmas. O pior é que pensam que podem mentir para Deus que é Onisciente e Onipresente. A mentira está nas propagandas, na televisão, na política e nas notícias. A nossa sociedade já tem aceitado a mentira como um pilar até necessário, fantasiando-a de verdade com o fim de iludir e dominar. A Palavra de Deus, entretanto, ensina que devemos viver na verdade. Jesus disse em João 8:32: "Conhecereis a verdade e a verdade vos libertará." Isto é, quando conhecemos a verdade que é Jesus, somos libertos de todo o poder e influência, inclusive, da mentira. Livrar-se da mentira não é um processo fácil, pois é necessário que a pessoa rompa com toda raiz deste mal que, porventura, esteja dentro do seu coração. A verdade nos liberta e transforma. O crescimento espiritual é o processo pelo qual as mentiras são substituídas pelas verdades. Eis uma das razões porque Jesus orou dizendo: "Santifica-os na verdade; a tua palavra é a verdade" (João 17:17).

Tudo que é respeitável
O respeito é produto ou fruto da honra; honrar é fruto de uma conduta conveniente ao discípulo e filho de Deus que, por amor, honra principalmente a Deus. As pessoas têm facilidade de honrar ao rico, ao poderoso, ao forte, ao influente, ao famoso, ao bonito e ao agradável, mas se esquecem que é preciso também honrar ao pobre, ao humilde, ao indouto, enfim, a todos. No passado, o respeito era ensinado e cultivado na infância. "É provável que uma das virtudes de que mais sentimos falta em nossa cultura seja o conceito de respeito, reverência ou temor."[3] Infelizmente, a honra e o respeito não são mais valores exaltados na sociedade, conquanto, a arrogância, o desrespeito a tudo e a todos está se tornando cada vez mais algo natural. Na verdade, isso ocorre porque o homem se distanciou de Deus a quem deixou de honrar. Quem não honra a Deus, o Criador, não honra os pais, os professores, os mais velhos, enfim, não honra o seu próximo. Deus deseja que resgatemos o respeitável em nossa vida pessoal e no meio da Igreja. Adorar é honrar incondicionalmente a Deus.

Tudo que é justo
A palavra "justiça" vem de justo; e o justo é Jesus. E não estou falando de justiça humana, pois a justiça humana funciona parcialmente,

---

[3] ALLEN, Ronald e BORROR, Gordon. *Teologia da adoração*. São Paulo: Editora Vida Nova, 2002. Pág. 40.

é falha e sempre comprometida com o mundo. Deus quer resgatar a Sua justiça, pois "o reino de Deus é de paz e justiça e alegria no Espírito Santo" (Romanos 14:17). O mundanismo tem tudo a ver com injustiça, pois o pecado deu à luz a injustiça. Só a justiça de Deus pode quebrar o jugo da injustiça deste mundo. Eis porque Jesus ensina: "Buscai primeiro o reino de Deus e a sua justiça e todas estas coisas vos serão acrescentadas" (Mateus 6:33). Muitas pessoas estão distantes de uma vida de adoração e comunhão com o Pai porque estão aliançadas com a injustiça deste mundo. Em qualquer área, o que é justo para Deus está acima do que é legal para o homem. Não podemos viver unicamente à sombra do que o homem estabeleceu como legal. Devemos refletir sempre sobre o que é justo aos olhos de Deus. "Ter fome e sede de justiça é anelar ser como o homem descrito no Novo Testamento, o novo homem em Cristo Jesus. É isso que é aqui frisado, isto é, que todo o meu ser e que toda a minha vida adquiram essa natureza."[4]

Tudo que é puro
A pureza está cada vez mais distante da sociedade atual. Desde pequenas, as crianças convivem com a impureza. Isso, obviamente, se refletirá nelas em tudo e por toda a vida, em todas as áreas, nas famílias, nas escolas, no trabalho e, obviamente, também na Igreja. A Palavra de Deus, na contramão, realça a pureza como virtude. Deus sempre quis a humanidade santa, um povo santo, nação santa, sacrifícios e oferendas santas. Sua Palavra exalta virtudes, tais como, mãos limpas, coração puro, vida de integridade, motivação santa, sã consciência, vida e leito sem manchas, além de vestes brancas. Jesus enfatizou o ser limpo de coração como a única maneira de

---

[4] LLOYD Jones, Martin. *Estudos no Sermão do Monte*. São José dos Campos: Editora Fiel, 1989. Pág. 71.

viver diante de Deus. Deus quer limpar nossas mãos, corações e também nossas motivações e pensamentos. Tudo em nossa vida necessita ter a marca da pureza característica dos filhos de Deus. "Em Apocalipse 21:27, João se refere às pessoas que serão admitidas à Jerusalém celestial, dizendo: 'Nela, nunca jamais penetrará cousa alguma contaminada, nem o que pratica mentira'. Coisa alguma que seja impura ou imunda, que tenha qualquer sinal de contaminação, jamais poderá entrar na Jerusalém celestial, afirma o texto. Quiçá possamos expressar mais perfeitamente o ponto afirmando que ser limpo de coração significa ser semelhante ao próprio Senhor Jesus Cristo. Ele '[...] não cometeu pecado, nem dolo algum se achou em sua boca' (1Pedro 2:22) — perfeito, sem mácula, puro e íntegro."[5]

Tudo que é amável
Amável é tudo que lembra e é derivado do amor verdadeiro. Gentil, atento, dócil, atensioso, respeitoso, cortês e obsequioso são alguns dos sinônimos que ampliam o sentido desse adjetivo. É impossível ser totalmente amável sem ter dentro de si o genuíno amor de Deus que é derramado em nossos corações por intermédio do Espírito Santo. Paulo enfatiza, em 1Coríntios 16:14, que todos os nossos atos devem ser realizados com amor, isto é, de forma amável. O que é amável origina-se de uma constante atitude de amor. A adoração da Igreja tem que ser permeada dessa amabilidade. Precisa ter esse caráter constante de amor, pois expressa um relacionamento. Tudo na Igreja tem como fonte e foco o amor que flui de Deus e retorna para Ele. "Este mundo está repleto de amores frágeis — amor que abandona, amor que se apaga, amor que se separa, amor que é egoísta. Porém, o adorador insaciável é diferente. Em um coração

---

[5] LLOYD, Jones Martin. *Estudos no Sermão do Monte*. São José dos Campos: Editora Fiel, 1989. Pág. 103.

tão impressionado por Deus e por suas maravilhas, arde um amor que não será extinto. Ele suporta qualquer situação e enfrenta qualquer circunstância. Ele não permite que a chama se apague, pois isso significaria ofender o amor que motiva sua vida."[6]

Tudo que é de boa fama

Atualmente, fala-se pouco sobre reputação, mesmo sendo ela tão importante. Na sociedade midiática moderna, as informações sobre fatos e pessoas são rápidas e intensas. A curiosidade acerca de fatos, deslizes, dramas e qualquer coisa anormal que se passa com a vida alheia se tornou uma obsessão, sendo isso bom ou mal. Cada vez mais, as atitudes das pessoas estão expostas aos demais. Tanto as virtudes quanto os problemas da vida moderna, exigem cuidados constantes, porque disso depende a reputação, principalmente a de um cristão e discípulo de Cristo que tem como objetivo em tudo ser semelhante ao Mestre. Ao analisarmos a expressão "Tudo que é de boa fama ocupe o vosso pensamento", facilmente concluiremos que uma grande porcentagem do que é noticiado na mídia hoje poderia ser eliminada. Existe um chavão jornalístico que diz que notícia boa é notícia ruim. Ou seja, fofoca, morte, criminalidade, deslealdades, adultérios, abandonos e qualquer coisa anormal, principalmente, com enfoque negativo, é o que deve ocupar os noticiários. Entretanto, a Bíblia nos ensina que devemos filtrar todas as coisas com sabedoria e discernimento. Para que possamos manter nossas mentes e corações no que é de boa fama, devemos buscar tudo o que fala do bem, mostra o bem, toca o bem e direciona para o bem. O que tem fama positiva, e se possível bíblica, é que deve ocupar cada vez mais o nosso pensar, sendo o foco de curiosidade e atenção. "Você não terá que se preocupar com o tipo de testemunho que você dará, se sempre estiver vivendo em retidão

---

[6]REDMAN, Matt. *O adorador insaciável*. São Paulo: Editora W4, 2010. Pág. 15.

perante o Senhor. Ao estabelecer certas bases sólidas em sua vida, de acordo com a Palavra do Senhor, sua vida "normal" será uma vida 'espiritual' e essa será 'testemunho' às pessoas."[7]

Se alguma virtude há

Virtude, na Bíblia, tem o sentido principal de excelência, qualidade que gera louvor, aquilo no qual a pessoa é o melhor. "Por isso mesmo empregando todo o vosso esforço, acrescentai a virtude à vossa fé e o conhecimento à virtude" (2Pedro 1:5). Virtude evoca o máximo que o potencial humano, mesmo limitado, pode alcançar. De acordo com o texto, devemos acrescentar nossa excelência à fé, porém não uma excelência qualquer, mas aquela desenvolvida sabiamente pelo conhecimento sadio, que nos leva a potencializar as virtudes. Quanto ao que se refere a ocupar nosso pensamento, devemos procurar essa excelência ou virtude em tudo e em todos para que isto possa sempre produzir edificação. Quem tem os olhos abertos para sempre buscar a virtude, sempre vê o bem em tudo. Lembro-me de uma história lida na infância. Depois de um grande temporal, todos se queixavam da destruição que ele deixara no vilarejo, principalmente, quando chegaram ao jardim de uma casa que era cuidada por uma menina cega. Enquanto todos lamentavam, a menina perguntou a razão do lamento. Todos, então, lhe falaram da destruição que ela não via. Sabiamente, a menina respondeu: "Não se preocupem, pois mesmo que uma parte da beleza tenha ido embora, o perfume continua ainda maior." A virtude é que nos faz continuar sentindo o perfume em tudo e em todos, apesar dos temporais. Virtude na vida de um discípulo de Cristo tem a ver com testemunho. Vida na excelência no Espírito Santo, por certo, é um instrumento poderoso para fazer o mundo

---

[7] WITT, Marcos. *O que fazemos com estes músicos?* São Paulo: Editora W4, 2008. Pág. 49.

querer mais de Deus. "Os dons são o que o homem tem, mas as virtudes são o que o homem é."[8]

Se algum louvor existe

A Palavra de Deus nos ensina que devemos praticar o hábito de ter constantemente o louvor nos lábios. "Bendirei o Senhor em todo o tempo, o seu louvor estará sempre nos meus lábios, gloriar-se-á no Senhor a minha alma; os humildes o ouvirão e se alegrarão" (Salmos 34:1-2). Jesus, sabiamente, mostra-nos um termômetro desse louvor em nossa vida compondo o famoso ditado "a boca fala do que está cheio o coração" (Mateus 12:34). Para que o louvor do Senhor esteja sempre em nossos lábios, ele precisa estar, primeiramente, em nosso coração. Nosso espírito se debilita quando alimentamos mal a nossa alma. Quando Paulo enfatiza que devemos encher nosso pensamento com o louvor, ele sabia da importância de um verdadeiro alimento espiritual para que haja sustentação da fé. Se assim acontece, nossa vida será cheia de louvor. Louvor quer dizer elogio, falar bem, testemunho e, principalmente, compromisso com a presença do Pai em nossa vida e ao nosso redor. Esse enfoque expõe também o fato de que tudo o que ocupa o nosso pensamento deve dar louvores a Deus. Se enchermos nossa mente com algo que não louva ao Senhor, comprometemos nossa vida espiritual e, consequentemente, trazemos malefícios para o crescimento da vida de Deus em nós. "Uma das palavras hebraicas para louvor, '*Hallal*', significa ser 'néscio de maneira barulhenta' ou 'louco' perante Deus — é daí que vem a palavra 'Aleluia'. Em uma competição sobre quem tem 'mais razões para ser apaixonado', a Igreja de Deus deveria estar em primeiro lugar sem qualquer dificuldade."[9]

---

[8]BLANCHARD, John. *Pérolas para a vida*. São Paulo: Edições Vida Nova, 1993. Pág. 409.
[9]REDMAN, Matt. *O adorador insaciável*. São Paulo: Editora W4, 2010. Pág. 36.

CAPÍTULO TREZE

Culto a Deus

Que bom ver Tua Igreja restaurada no louvor
E ver também que Tu a renovaste no amor,
Por isso, oh Deus Pai, sem impedimento algum,
Adoramos ao Teu filho que nos tem feito um.

Um só corpo e um espírito
ASAPH BORBA — 1984

Nestes 40 anos de ministério, posso afirmar que houve e ainda há uma grande e indiscutível força e inequívoca liberação do poder de Deus e de sua bênção no meio da Igreja e dos irmãos, quando estes constituem uma comunidade reunida em harmonia e amor para adorar a Deus e ouvir a Sua voz, não apenas como indivíduos, mas como congregação. "Há uma presença especial de Cristo nas assembleias cristãs."[1] Não sem razão, os salmistas diziam, várias vezes, que um dos lugares mais apropriados para o louvor e adoração a Deus é em meio à "congregação dos Santos". "Então declararei o teu nome aos meus irmãos; louvar-te-ei no meio da congregação" (Salmos 22:22). "Oh quão bom e agradável é que os irmãos vivam em união [...] porque ali o Senhor ordena

---

[1] RYLE, J. C. *Adoração*. São José dos Campos: Editora Fiel, 2010. Pág. 13.

a bênção e a vida para sempre" (Salmos 133:1,3b). O próprio Jesus valoriza a congregação ao dizer "onde estiverem dois ou três reunidos em meu nome ali Eu estou" (Mateus 18:20). A melhor notícia desse verso é a certeza da presença de Jesus vinculada ao estar junto dos irmãos para orar, proclamar e adorar.

Em muitos lugares, encontro pessoas que pensam que podem viver uma vida cristã solitária, sem a vida congregacional, esquecendo que existe um mandamento bíblico claro a esse respeito: "Não deixemos de congregar-nos como é costume de alguns" (Hebreus 10:25). O texto não explicita, entretanto, que este congregar deve ser uma vez por semana ou uma vez por mês. O objetivo principal do mandamento é valorizar a importância dos irmãos estarem juntos, como também enfatiza o texto de 1Coríntios 14:26 que estudaremos mais à frente.

Enfim, por que o congregar é tão importante? O principal motivo é por ser a reunião da Igreja um lugar único do derramar de graça, amor, bênção e vida de Deus como em nenhum outro lugar. Isso fica bem claro em Salmos 133:3b: "Ali ordena o Senhor a sua bênção e a vida para sempre". A Igreja reunida é um ambiente propício para a glória e bênção de Deus ser ordenada sobre todos.

"Tenho uma revelação da igreja. Eu a defendo. Amo-a. Honro-a. A igreja não é o edifício, são as pessoas com quem tenho comunhão. A casa é a cobertura, o abrigo, o refúgio e principalmente o santuário. O Salmos 52:8 diz: 'Sou como uma oliveira que floresce na casa de Deus'. Minha vida cristã, particularmente, sempre progrediu, mas foi só quando fui plantada profundamente na casa de Deus é que comecei a florescer."[2]

---

[2]ZSCHECH, Darlene. *Adoração extravagante*. Belo Horizonte: Editora Atos, 2004. Págs. 200, 201.

Acima de qualquer aspecto, a congregação dos santos é um lugar de concentração e expressão da unidade do Corpo de Cristo. Um só povo e coração reunidos para celebrar, para ver a manifestação sobrenatural, a intimidade e a expressão da pluralidade via Corpo de Cristo. Algumas dessas manifestações podem acontecer no ambiente individual, mas com intensidade limitada. Quanto mais pessoas em uma só fé, concordância e propósito, mais a grandiosidade do mover de Deus.

Tempo de celebração

Nos reunimos para celebrar ao Senhor Jesus, Sua vida, Sua obra em nós, e Sua vitória. Celebração fala de alegria. "Na presença de Deus há plenitude de alegria e na Tua destra delícias perpetuamente" (Salmos 16:11). Esta plenitude de alegria é algo completo, que não deixa nada para trás. A reunião do povo de Deus é alegre, com o próprio Espírito Santo manifestando-se em todo o tempo. Esta plenitude fala de uma celebração "com salmos, hinos e cânticos espirituais" (Efésios 5:19).

A presença de Deus sempre promove alegria. Quando os anjos vieram anunciar a Jesus eles disseram que traziam novas de grande alegria. O próprio Jesus disse que nossa alegria seria completa com a presença do Consolador. Diante da manifestação de Deus, nos primeiros passos da Igreja primitiva, estava a marca da transbordante alegria. Junto a essa alegria estavam também outras manifestações: cantar, tocar, dançar e saltar. A exigência, no entanto, é que tudo fosse feito com ordem e decência diante de Deus e dos irmãos. "Pegue um santo, coloque-o sob quaisquer circunstâncias, e ele saberá como regozijar-se no Senhor."[3]

---

[3]BLANCHARD, John. *Pérolas para a vida*. São Paulo: Edições Vida Nova, 1993. Pág. 16.

Lugar de manifestações sobrenaturais de Deus

O texto de Salmos 91:11 expressa claramente que Deus dá ordens aos Seus anjos a nosso respeito. A Bíblia possui inúmeras citações sobre esses seres celestiais que no Novo Testamento são citados como agentes divinos. "Os anjos são mensageiros e ministros. A função deles é executar o plano da providência divina, até mesmo nas coisas terrenas" (Tomás de Aquino).[4] Muitos irmãos de diversos lugares têm experimentado, ouvido e até mesmo visto esses seres celestiais agindo no meio da congregação. Apesar da veracidade da existência dos anjos, e alguns testemunhos aqui e ali, a verdade mesmo é que a realidade da presença deles não tem sido notada pela Igreja de forma geral. Isso é um sinal da falta de contato da Igreja com o mundo espiritual.

Certa vez, em um retiro da Igreja em Porto Alegre, durante a adoração, aconteceu algo sobrenatural quando toda a igreja estava prostrada diante de Deus. Gelsa Ungaretti, esposa de um dos pastores, estava presente naquele dia e relatou o ocorrido: "Corriam os anos oitenta. Estávamos reunidos, no auditório do Seminário Maior de Viamão, em mais um dos retiros ali realizados habitualmente. O momento era de louvor e adoração. Tão forte era a presença do Espírito Santo que as pessoas achavam-se prostradas em profundo enlevo e comunhão com o Senhor. Ouvia-se apenas o som muito harmonioso dos cânticos espirituais. Como só o Espírito Santo pode produzir. Reverência e júbilo mesclavam-se resultando no rolar, em vagas, desses cânticos. Muitos de nós que ali estávamos embevecidos, prostrados em adoração, subitamente demo-nos conta de um som de flautas tão puras e melodiosas que, aqui e ali, levantavam-se as cabeças para ver quem produzia tão

---

[4]BLANCHARD, John. *Pérolas para a vida*. São Paulo: Edições Vida Nova, 1993. Pág. 24.

lindos sons. Mas só o que se pôde ver foi o mar de cabeças prostradas ou braços alçados. Os músicos também haviam deposto seus instrumentos, e prostrados adoravam. Aquelas flautas eram celestiais e os anjos cercavam o recinto, conforme o testemunho de muitos irmãos. Que momentos maravilhosos! Um pouco do Céu na terra."[5]

Noutra ocasião, ouvimos o som de um saxofone sendo tocado por um ser celestial. Isso foi presenciado por toda a Igreja Batista Central em Campo Grande-MS. Cerca de mil irmãos prostrados diante da doce presença de Deus. Quando terminamos de cantar, um saxofone começou a tocar a música que cantávamos, suavemente, sem que ninguém presente estivesse tocando esse instrumento. O mais incrível é que o som saía de caixas de som que estavam comprovadamente desligadas.

Não creio que eventos como os supracitados devam ocorrer todos os dias em nossos cultos. Por outro lado, recuso-me a crer que a reunião do povo de Deus seja apenas para cumprir um ritual que, em muitos casos, é enfadonho, marcado pelo relógio, e que cada vez mais atrai menos gente. Recuso-me também a aceitar as liturgias do mundo evangélico atual como produto final daquilo que Deus deseja como culto. Creio que estes formatos ritualísticos, em alguma época da História, cumpriram seu papel, mas hoje não expressam as "delícias" que Deus quer que tenhamos em Sua presença. "Na presença de Deus há plenitude de alegria e delícias eternas" (Salmos 16:11). Sempre me perguntei o que são essas delícias a que Davi se refere? Aliás, quando se fala em "delícias", logo pensamos em comida. Mas "delícia" nesse texto é tudo aquilo que dá prazer e alegria ao homem. Ao pensarmos assim, vemos que, quando estamos juntos, essas delícias são derramadas do trono de

[5] Boletim da Igreja em Porto Alegre, março de 1994.

Deus e somos deliciados, principalmente, pela comunhão com os irmãos. Quem já experimentou sabe quão delicioso é o derramar do Espírito Santo sobre a igreja. Que delícia é quando Deus se move em meio à celebração de louvor. Que delícia é um tempo profundo de adoração e também quando Deus derrama sua bênção e as vidas são impactadas pelas libertações, curas e manifestações da glória de Deus. Particularmente, tenho experimentado dessas delícias. Já fui curado e também presenciei muitas curas em meio a momentos de louvor. Fui liberto e tive a alegria de presenciar muitas libertações no meio da congregação. Bem que isso poderia se tornar rotina, afinal, sempre declaramos que Deus está presente; e Ele verdadeiramente está.

Tempo de comunhão com Deus e com os irmãos

Nenhuma reunião pública é bem-sucedida em seus alvos e propósitos se não possui como base a comunhão individual com Deus. Mesmo que alguns em nosso meio tenham ainda pouco relacionamento com a presença de Deus, a maioria em nossas reuniões é formada de gente que está ali por ter sede e fome de Deus e sabe que na reunião dos santos há sempre uma mesa posta. Entretanto, a comunhão com Deus não é tudo de uma reunião, afinal, o Pai também nos reúne para termos comunhão uns com os outros. "Oh quão bom e agradável é que os irmãos vivam em união [...] porque ali o Senhor ordena a bênção e a vida para sempre" (Salmos 133:1,3b). A "congregação dos santos" é enfatizada no Pentateuco, nos Salmos, nos escritos dos profetas e também no Novo Testamento. Paulo elabora com clareza a importância de nos reunirmos como igreja em 1Coríntios 14:26: "Que fareis, pois, irmãos quando vos reunis? Um tem salmo, outro, doutrina, este traz revelação, aquele, outra língua, e ainda outro, interpretação. Seja tudo feito para edificação". O apóstolo direciona uma dinâmica de comunhão, em que todos participam para promover o conhecimento da Palavra de Deus junto à revelação do Espírito Santo no meio de uma comunidade de irmãos. "Você é chamado para participar, não somente para crer. Mesmo no mais perfeito e imaculado ambiente do Éden, Deus disse: 'Não é bom que o homem esteja só'. Fomos criados para viver em comunidade, moldados para o companheirismo e formados para uma família; e nenhum de nós pode cumprir os propósitos de Deus sozinho e sem ajuda" (Rick Warren).[6]

LUGAR DE PLURALIDADE

A pluralidade acontece, quando muitos participam do processo de culto, como vimos no texto de 1Coríntios 14:26. A edificação não é responsabilidade apenas de um, mas de todos que, em cooperação uns com os outros, contribuem para o crescimento e edificação de todo o corpo. A pluralidade também diz respeito à diversidade dos dons no meio da Igreja. Deus deu e continua dando dons aos cristãos. E se alguém quer um dom espiritual específico é só pedir que Deus lhe dará. Onde há essa consciência, todos percebem o quanto Deus é dadivoso. É importante para o Reino que cada membro seja um instrumento fluindo por meio dos dons. A Palavra, em 1Coríntios 12, fala de muitos dons, tais como, profecia, línguas, interpretação de línguas, milagres, palavras de sabedoria e de conhecimento, e cura. Deus não quer que todo esse potencial esteja sobre o ombro de um só homem chamado de pastor, bispo ou apóstolo, mas sobre todos. "A igreja, por ser um Corpo, tem uma estrutura viva, dinâmica e carismática (isto é, depende de dons dados por Deus). Contrário a um edifício que tem uma estrutura estática, fixa e morta (bases, colunas e vigas). Uma árvore

---

[6]WARREN, Rick. *Uma vida com propósitos*. São Paulo: Editora Vida, 2002. Pág. 114.

também tem estrutura, mas é uma estrutura viva. Essa estrutura se desenvolve segundo o crescimento da árvore. As funções das raízes, do tronco e dos ramos é fazer possível que a seiva chegue a todas as partes da árvore, até suas folhas e seus frutos. Do mesmo modo, o propósito da estrutura ministerial da Igreja é sustentar, servir, unir, apoiar, cuidar, alimentar, nutrir e edificar a todos os membros do Corpo. É proporcionar um ordenamento funcional à Igreja de maneira que todos sejam bem cuidados, discipulados, capacitados e enviados a fazerem a obra."[7]

A respeito disso, gostaria de realçar dois aspectos. O primeiro é que cada pessoa tem que ter consciência de que é um instrumento de Deus para edificação do Corpo. Segundo é que aqueles que estão na liderança devem também ter esta visão de pluralidade e estarem atentos e sensíveis ao fluir dos dons na vida da Igreja para que todos tenham espaço para expressar seus dons, participando assim deste processo de edificação. É incoerente ensinar a Igreja a buscar os dons se ninguém terá espaço para manifestá-los. Creio que as reuniões do povo de Deus são um bom lugar para se aprender o exercício dos dons em pluralidade, a fim de que todos possam fazê-lo também no decorrer da vida.

LUGAR DE SIMPLICIDADE

No culto a Deus deve haver simplicidade. E falando sobre isso, não enfoco apenas o aspecto físico, mas principalmente o interior. Jesus falou dos simples (humildes) de espírito porque deles é o Reino dos Céus (Mateus 5:3). Paulo também se preocupou com essa questão: "Mas temo que assim como a serpente enganou a Eva, com a sua astúcia, assim também sejam de alguma sorte cor-

---

[7]HIMITIAN, Jorge. *Projeto do eterno*. Rio de Janeiro: Editora Atos Gospel, 2010. Pág. 168.

rompidos os vossos entendimentos e se apartem da simplicidade e da pureza que há em Cristo" (2Coríntios 11:3). Essa simplicidade que Deus busca em nós é aquela que rejeita alguns dos paradigmas mais fortes de nosso tempo, entre eles o da exaltação do homem. Diante do Eterno e dos homens devemos ter um coração simples e humilde. "Humildade significa o desistir do ego e tomar o lugar do perfeito nada-ser diante de Deus. Jesus se humilhou e se tornou obediente até a morte. Na morte, Ele deu a maior e a mais perfeita prova de ter desistido de Sua vontade em prol da vontade de Deus. Na morte, Ele desistiu de Si mesmo, com a natural relutância do ego em beber do cálice; Ele desistiu da vida que tinha em união com nossa natureza humana; Ele morreu para o ego e para o pecado que O tentava; então, como homem, Ele entrou na perfeita vida de Deus. Se não fosse pela Sua infinita humildade, considerando a Si mesmo como nada, a não ser como um servo para fazer e sofrer a vontade de Deus, Ele nunca teria morrido."[8]

TEMPO DE CALMA E TRANQUILIDADE (SEM ANSIEDADE)

A cultura da sociedade atual é a do imediatismo, do *fast food*. Para muita gente, o objetivo final de acelerar a vida é se ter mais tempo livre para outras coisas, tais como, lazer, comer e beber. Mas o curioso é que até o lazer, o beber e o comer também precisa ser rápido, para não dizer imediato. Infelizmente, esse imediatismo também contaminou a Igreja.

O culto, gradativamente, foi diminuindo de tamanho, pois as atividades nele contidas foram perdendo a relevância, fazendo com que a audiência se tornasse cada vez menos interessada no que realmente é importante. O exemplo mais evidente é que temos muito louvor

---

[8] MURRAY, Andrew. *Humildade*. A beleza da santidade. São Paulo: Editora dos Clássicos, 2005. Págs. 87,88.

e pouca oração. Não que muito louvor seja errado, mas também precisamos de oração, e muita. Nas reuniões também cada vez menos se lê a Bíblia e o sermão precisa ser curto e objetivo. Outra atividade que está praticamente extinta do culto é o fluir congregacional por meio dos dons espirituais. Profecias, palavras de sabedoria, línguas e interpretação das mesmas, são raros. Quando acontecem, é quase um evento especial. No momento em que o Espírito Santo começa a se mover, temos que estar na expectativa do que Ele vai fazer, e dar-Lhe tempo para agir, para fluir no meio da igreja.

No início de minha experiência com Deus, tempo de avivamento no Brasil, todos que participavam da nossa Igreja Metodista Wesley em Porto Alegre eram sedentos por Deus. O tempo cronológico simplesmente era ignorado. Começávamos as reuniões às 19:30 horas e tínhamos uma hora estabelecida para encerrarmos, entretanto, nunca saíamos antes da meia-noite. Várias vezes, voltei de madrugada para casa; totalmente tomado pela presença de Deus. Desde esse tempo, graças a Deus, tenho tido oportunidade de adorar a Deus sem ansiedade e pressa. Sempre que posso e tenho autoridade para tal, conclamo os irmãos a continuarem na presença de Deus horas a fio, deixando que Ele haja em nossas vidas sem pressa, sem correria. "É difícil ver Jesus quando se está com pressa."[9] O autor de Salmos 84 expressa bem essa qualidade de tempo na presença do Senhor: "Quão amáveis são os teus tabernáculos, Senhor dos Exércitos! A minha alma suspira e desfalece pelos átrios [lugar mais íntimo] do Senhor; o meu coração e a minha carne exultam pelo Deus vivo! O pardal encontrou casa e a andorinha, ninho para si, onde acolha os seus filhotes; eu encontrei os teus altares, Senhor dos Exércitos Rei meu e Deus meu! Pois um dia nos teus átrios vale mais que mil."

[9]BLANCHARD, John. *Pérolas para a vida*. São Paulo: Edições Vida Nova, 1993. Pág. 34.

CAPÍTULO QUATORZE

Adoração: palco ou altar?

Coloco minha vida prostrada em Teu altar
E tudo que eu espero entrego em Tuas mãos,
Pois sei que nada posso por mim mesmo fazer,
Oh vem ser minha vida, oh vem ser meu querer.

Prostrado em Teu altar
Asaph Borba — 1982

Ao tratarmos sobre o culto a Deus, não podemos deixar de falar sobre músicos, palco e altar. Para iniciar o tema, Marcos Witt apresenta-nos um conhecido paradoxo: "Por onde quer que se passe, as críticas aos músicos e cantores são muitas. Existem lugares em que os músicos parecem mais um mal necessário do que uma bênção. Porém, posso citar inúmeras localidades em que os músicos estão dentro do padrão de Deus e servem ao Senhor com alegria e harmonia com a igreja e com a liderança."[1]

Há algum tempo, encontrei-me com a cantora e compositora Alda Célia, grande amiga e irmã. Enquanto durou o voo, conversamos bastante sobre a vida e ministério, analisando as preocupações e dificuldades dos músicos das igrejas. A certa altura da conversa,

---

[1] WITT, Marcos. *O que fazemos com estes músicos?* São Paulo: Editora W4, 2008. Pág. 131.

Alda formulou uma frase que tem me servido de inspiração: "Todo músico deve aprender a fazer do palco um altar ao Senhor". O conceito parece simples, mas alcançar esse nível de entendimento leva tempo e o músico tem que percorrer um longo caminho.

Levitas, sacerdotes ou músicos?

Desde meus primeiros acordes, no início da vida cristã, numa igreja metodista, pude ver a preocupação que meus pastores tinham com os músicos. Já no primeiro grande encontro que participei tocando na banda, em que me foi emprestada uma linda guitarra vermelha novíssima e um sofisticado órgão Yamaha, o pastor Erasmo Ungaretti advertiu-nos: "Cuidado com o orgulho! Mesmo com instrumentos novos, continuem humildes e dependentes de Deus! Esses instrumentos não podem roubar os seus corações". No decorrer da vida e ministério, continuo me lembrando dessas palavras.

Nosso pastor tinha por objetivo nos livrar de três problemas básicos que ocorrem com músicos: orgulho, independência e coração no lugar errado. Quando o músico vence esses inimigos e se torna humilde e inteiramente dependente do Senhor, está apto a cumprir o seu papel na Casa de Deus. "A humildade diante de Deus não é nada se não for provada em humildade diante dos homens."[2] Por isso é importante que o músico tenha visão correta de quem ele é diante de Deus. Somos levitas ou sacerdotes? Levitas eram os homens da tribo de Levi que foram escolhidos por Deus, segundo a Lei de Moisés, para ministrarem diante de Deus. Os sacerdotes eram aqueles homens retirados, inicialmente, da tribo sacerdotal de Arão para ministrarem no Santo dos Santos, na presença do Senhor.

---

[2]MURRAY, Andrew. *Humildade*. A beleza da santidade. São Paulo: Editora dos Clássicos, 2005. Pág. 55.

Apesar da música ser tão importante e prioritária no culto contemporâneo, ouço muitos líderes tratarem de maneira equivocada sobre a função dos músicos no louvor e na adoração congregacional, talvez por não entenderem qual a verdadeira função dos levitas conforme o Novo Testamento. Por outro lado, existe também muito músico cristão que ainda não captou qual a sua real função no Reino. Para alguns, o importante é ser um levita, principalmente como aqueles do tempo de Davi. Outros se veem sacerdotes. A maioria, entretanto, continua crendo mesmo que são apenas músicos.

O texto de 1Crônicas 25:1,6-7 narra a separação dos levitas, filhos de Asafe, de Hemã e de Jedutum, e realça alguns princípios que norteavam as funções daqueles músicos. "Davi, juntamente com os chefes do serviço, separou para o ministério os filhos de Asafe, de Hemã e de Jedutum, para profetizarem com harpas, alaúdes e címbalos. [...] Todos estes estavam sob a direção respectivamente de seus pais para o canto na Casa do Senhor com címbalos, alaúdes e harpas para o ministério na casa de Deus, estando Asafe, Jedutum e Hemã debaixo das ordens do rei. O número deles, juntamente com seus irmãos instruídos no canto do Senhor, todos eles mestres, era de duzentos e oitenta e oito." Creio que os princípios contidos nesse texto de Crônicas são os mesmos para os nossos dias.

Separados para o ministério

O primeiro princípio que extraímos dele diz respeito à separação — "separou para o ministério". Um músico que não foi separado para o serviço do Senhor, jamais poderá ser totalmente usado por Deus e pela Igreja, pois terá seus dons e coração divididos com outros interesses. Antes de ver se alguém é dotado de talento para ser um músico diante do Senhor, é bom sabermos se ele tem um chamado de Deus para tal. Marcos Witt faz interessante comentário a respeito desse texto: "Não imagino que estiveram 'separando' e 'designando' pessoas só por algum capricho ou desejo pessoal, mas porque levavam tão a sério o papel da música no acampamento que até dedicavam pessoas exclusivamente para isso."[3] O princípio do chamado e separação foi essencial em meu ministério. Em diversas situações, esse chamado foi relembrado e decisivo. Deus me chamou e meus pais espirituais confirmaram. Gradativamente, o Senhor foi promovendo a minha separação total para o serviço em Sua casa. No entanto, para que esse chamado e separação possa se concretizar, é preciso que o músico tenha disponibilidade, importante chave para que o ministério prospere. E ter disponibilidade é se colocar totalmente à disposição de Deus para servi-lo com tudo que se tem e com tudo que se é. Em seu livro "Tudo para Ele", Oswald Chambers escreveu: "Paulo diz: 'Minha determinação é a de dar tudo para ele'. Fazê-lo é uma questão de vontade, não de discussão ou de racionalização, mas de uma rendição da vontade, uma rendição absoluta e irrevogável daquilo que ele nos pede."[4]

Chamados para profetizar

Além de separados, os músicos também são chamados a profetizar — "separou [...] para profetizarem com harpas, alaúdes e címbalos". Esta é a principal função dos músicos na Igreja: profetizar. Em 1Coríntios 14:3, Paulo ensina três finalidades para o ato de profetizar: "O que profetiza fala aos homens para edificação, exortação e consolação".

---

[3]WITT, Marcos. *O que fazemos com estes músicos?* São Paulo: Editora W4, 2008. Pág. 38.
[4]CHAMBERS, Oswald. *Tudo para Ele*. Belo Horizonte: Editora Betânia, 2004. Pág. 5.

A primeira finalidade é edificar que significa pegar algo que está caído e erguer. "O substantivo usado para edificação (*oikodome*) denota o ato de construir. É usado só figurativamente no Novo Testamento, no sentido de edificação, como, por exemplo, em Romanos 14:19;15:2 e 1Coríntios 14:3,5."[5] Cada músico deve, então, pegar o seu instrumento para tocar diante de Deus e da igreja orando para que seja um instrumento de edificação.

A segunda finalidade do ato de profetizar é a exortação. Quem exorta, anima, encoraja, joga para cima. Exortar, para muitos, tem o enfoque de correção, mas aqui o apóstolo Paulo fala de uma função de estímulo, pois é assim que a palavra (*paraklesin*) é interpretada. Segundo o dicionário VINE, significa: "Chamado para ajudar alguém."[6] Muitas das pessoas que chegam à Igreja estão desanimadas frente aos problemas da vida. Os músicos, então, podem ser instrumentos de Deus para estimular essas pessoas a caminharem na direção certa, com alegria e disposição. Essa finalidade profética do louvor e adoração faz com que cada músico se torne uma poderosa ferramenta nas mãos do Pai.

A terceira finalidade do ato de profetizar é consolar. "A palavra consolar (*paramuthia*), primariamente significa 'fala perto de alguém' (formado de para, 'perto', e '*muthos*', fala), por conseguinte denota 'conforto, consolo', com um grau maior de ternura."[7] Uma das mais importantes funções do Espírito Santo é ser o Consolador. Esta função é acrescentada também ao ministério profético já que profetizamos dirigidos pelo Espírito Santo. O consolo é o

---

[5] VINE, W. E.; UNGER, Merril F.; WHITE JR., William. *Dicionário VINE*. Rio de Janeiro: CPAD, 2002. Pág. 582.
[6] VINE, W. E.; UNGER, Merril F.; WHITE JR., William. *Dicionário VINE*. Rio de Janeiro: CPAD, 2002. Pág. 591.
[7] VINE, W. E.; UNGER, Merril F.; WHITE JR., William. *Dicionário VINE*. Rio de Janeiro: CPAD, 2002. Pág. 497.

alento no sofrimento. Cada pessoa acumula, no decorrer da vida, uma enorme carga de angústia e de dor, mas o consolo é o bálsamo dado por Deus a essa vida. Se cada músico tiver consciência dessa parceria com o Espírito de Deus de ser um instrumento de alento e conforto, por certo, estará alcançando o objetivo de Deus para seu ministério.

Debaixo de autoridade

Outro enfoque encontrado no texto de 1Crônicas 25, é que todos os músicos estavam debaixo das ordens de seus pais e do rei — "Davi, juntamente com os chefes do serviço, separou para o ministério os filhos de Asafe, de Hemã e de Jedutum". Esta diretriz é primordial para os que servem como tangedores: submissão aos seus pais e às autoridades da Casa de Deus. A hierarquia dada por Deus é um constante instrumento para promover a humildade no coração de um músico. Eu fui gerado por pastores que mantiveram sempre este princípio vivo em meu coração. Sei que é muito difícil para um músico submeter-se, principalmente, a pastores que não sabem nada de música, mover de Deus e adoração. Por outro lado, os pastores duvidam do conhecimento dos músicos a respeito da vida da igreja, a necessidade dos irmãos, sobre o tempo certo de ministração e o volume agradável para a igreja. Por um bom tempo, foi difícil aceitar que um dos meus pastores diminuísse o volume do meu amplificador e ainda fizesse um gesto com a mão para que eu cantasse mais baixo. Mas eu precisava entender que estar sob as ordens dos pais e do rei é manter a hierarquia divina e ordenada. Isso mantém a nós e à igreja debaixo de bênção. Um ministério sem essa hierarquia se torna independente, e isso na Igreja gera morte e não vida. Levitas que seguiam seus pais e ao rei trilhavam o caminho da sabedoria, da segurança, orientação e força. "Espero pelo dia em que haja muito mais salmistas desta 'nova geração' que levem suas vidas debaixo da autoridade que Deus os colocou, e que desde esse lugar procedam com força e autoridade."[8]

Instruídos no canto

O aspecto seguinte é que todos eram instruídos — "instruídos no canto do Senhor". Todos, sem exceção, foram ensinados. Uma das grandes virtudes de um músico é ser ensinável, pois só pode ser mestre aquele que um dia aprendeu. A capacidade de ser ensinado vem de um coração humilde que consegue aprender alguma coisa com cada pessoa. Não existe fonte nula de ensino. O coração ensinável eleva o espírito e torna-se uma fonte incessante de crescimento. Quem age assim nunca para de crescer. "A Septuaginta tem a tradução de *Paideia* ('educação, treinamento, instrução'). A palavra grega é a base para a palavra pedagogia."[9]

Há alguns anos, eu estava num encontro de teologia ministrando juntamente ao pastor Russel Shedd, um dos mais proeminentes mestres da Palavra em nosso país. Eu ministrava o louvor e ele a Palavra. Numa das tardes, os irmãos me pediram para dar um seminário aos músicos. Quando cheguei à sala de aula, o pastor Shedd estava sentado com sua esposa na primeira fila à espera da minha palestra. Confesso que isso provocou em mim certo constrangimento, afinal, como eu poderia estar ministrando a um expoente nacional. Todavia, ele mesmo me tranquilizou dizendo que sempre era tempo de aprender. Ao final, conversamos sobre vários pontos que ministrei, ele sempre valorizando o depósito de Deus em minha vida. Daquele dia em diante decidi que queria

---

[8] WITT, Marcos. *O que fazemos com estes músicos?* São Paulo: Editora W4, 2008. Pág. 43.
[9] VINE, W. E.; UNGER, Merril F.; WHITE JR., William. *Dicionário VINE*. Rio de Janeiro: CPAD, 2002. Pág. 153.

ser como o Shedd, aprender sempre. Os músicos de Davi eram instruídos, por isso se tornaram mestres daqueles que vieram após eles. Portanto, todo ministro deve ter essa disposição de aprender e ensinar para que haja continuidade na obra de Deus geração após geração.

Adoração: palco ou altar?

Existem muitos outros princípios, mas se os músicos começarem por esses, creio que todos crescerão em suas vidas e ministérios. Posso testemunhar sobre muitos que tenho visto seguir esses preceitos e, hoje, são homens e mulheres diferenciados na Igreja, que galgam patamares mais altos. Além de serem grandes músicos, se tornaram apóstolos, profetas, evangelistas, pastores e mestres que influenciam a Igreja de forma sobrenatural. Ousaram deixar de lado o palco e fizeram de cada instante diante do Pai e da Igreja um precioso e sublime altar. Eles entenderam a mensagem de Darlene Zschech: "O altar não é um 'direito' seu, é um privilégio divino".[10] Apenas como exemplo, cito dois excelentes músicos que Deus me deu como discípulos: Daniel de Souza e Sóstenes Mendes. Ambos se tornaram pastores comprometidos com o rebanho, cuidam de igrejas locais, vivendo como profetas, cheios de graça e unção, fazendo da música que Deus lhes deu um poderoso instrumento para edificar, consolar e exortar.

---

[10]ZSCHECH, Darlene. *Adoração extravagante*. Belo Horizonte: Editora Atos, 2004. Pág. 137.

CAPÍTULO QUINZE

Adoração: a glória e a presença de Deus

Enche minha vida,
Cada dia mais e mais com Tua glória!
Cada dia mais e mais com Tua glória!
Enche minha casa [...]
Enche a Igreja [...]

Enche minha vida com Tua glória
ASAPH BORBA — 2002

Quando adoramos a Deus, estamos nos submetendo a uma grandiosidade confrontada com nossa pequenez. Estamos declarando que não temos nada melhor ou mais importante a fazer do que render-Lhe louvor e adoração, maravilhando-nos com a Sua majestade. "O homem que tenta diminuir a glória de Deus, recusando-se a adorá-Lo, é como um lunático que deseja apagar o sol, escrevendo a palavra 'escuridão' nas paredes de sua cela" (C. S. Lewis).[1] Além do amor e do reconhecimento quanto à dignidade de Deus, adoração é também uma sublime reação à manifestação da Sua glória.

---

[1] BLANCHARD, John. *Pérolas para a vida.* São Paulo: Edições Vida Nova, 1993. Pág. 106.

A GLÓRIA NA CRIAÇÃO

A glória de Deus está presente em toda a criação, como descreve o salmista: "Os céus proclamam a glória de Deus e o firmamento anuncia as obras de sua mão" (Salmos 19:1). Tudo que Deus fez tem a marca da Sua glória. Se contemplarmos os céus, veremos o quanto ele é permeado de maravilhas. Atualmente, podemos fazer isso com mais profundidade, devido aos sofisticadíssimos telescópios. Milhares de estrelas, nebulosas, constelações, galáxias, planetas, povoam o céu e refletem a grandiosidade de quem o criou. Se apenas olharmos o mundo em que vivemos, constataremos o quanto ele também é lindo e diversificado com suas variedades macro e microscópicas. Quando adoramos, estamos reconhecendo essa grandiosidade criadora que formou a tudo, incluindo as nossas próprias vidas. Cada pessoa foi criada com características da glória de Deus. Quando Ele soprou em nós o fôlego de vida, recebemos o toque da glória do Pai.

Assim como todas essas coisas refletem a glória de Deus, também a adoração da Igreja deve refletir. Nego-me a pensar que o relacionamento do homem com Deus seja desprovido da intensidade que a Sua glória requer. Uma das coisas grandiosas que manifesta essa glória, por exemplo, é a música. Quando ouvimos uma simples voz cantando ou uma sinfônica, vemos que tudo é fruto da glória de Deus. Uma das mais irrefutáveis evidências de que o homem foi criado por Deus, e não surgiu a partir de um simples ato evolutivo, é quando vemos um grupo de pessoas adorando a Deus na beleza celestial da música, com vozes e instrumentos em harmonia, diante do Criador. "Quando estiver na glória, verei a Sua face, e lá servirei ao meu Rei para sempre, naquele santo lugar."[2]

---

[2]REDMAN, Matt. *O adorador insaciável*. São Paulo: Editora W4, 2010. Pág. 103.

A GLÓRIA VISÍVEL

A glória de Deus, no Antigo Testamento, é chamada de *"kabod"* que significava uma manifestação sobrenatural, física e visível da presença de Deus. Em Êxodo 3:3, pela primeira vez, Moisés se depara com essa glória que, a partir daí, se torna familiar para o povo de Israel durante a peregrinação pelo deserto. De dia, tinham uma nuvem que os guiava e, à noite, uma coluna de fogo para aquecer e iluminar. As características dessa glória visível eram: ser vista, sentida e, consequentemente, temida por todos. Em Êxodo 16:7,10 e 24:16-17, Moisés fala dessa aparência como um fogo consumidor. Este primeiro aspecto da glória de Deus anuncia a implantação do Seu governo no meio de uma multidão que, a partir de então, não seria apenas um conjunto de tribos, mas um povo de onde viria a revelação de Seu propósito para todos os outros povos e também de onde viria o Messias, Jesus. Mas, para isto, esse povo precisaria ter o conhecimento e a revelação de Sua presença. Por isso Deus se manifestou com muito poder e glória. Glória e fogo. Nada melhor que o fogo para expressar essa glória, tendo em vista que, conforme a Palavra, ele representa a presença do Espírito de Deus. A glória gerava temor e santidade. Quando as vestimentas dos sacerdotes foram estabelecidas (Êxodo 28:2,40), ficou claro que eram para glória e ornamento. Já o texto de Êxodo 29:43 fala da santificação dos filhos de Israel pela glória de Deus. Dessa maneira, Moisés e todos os israelitas conheceram a presença de Deus e foram transformados no povo que Deus planejara. Não um povo qualquer, mas um povo santo, separado para Ele. Quem os transformou foi a glória de Deus.

A glória visível de Deus tinha limites. Quando Moisés, em Êxodo 33:18-23, pede para ver a glória do Senhor, há o estabelecimento de um limite. Moisés havia visto muitas manifestações de Deus — no Sinai, junto ao Faraó, no Egito —, mas ele queria mais. Diz o texto, que Moisés ficou na fenda da rocha e Deus só o deixou sentir Sua presença e vislumbrar Sua luz, porém não permitiu que Seu rosto fosse visto. A mensagem que Deus passou é que Ele deseja ser sentido e não visto. A autêntica glória de Deus é tamanha que nenhum homem a pode contemplar. "É bem provável que se um homem fosse transportado até a presença de Deus não resistiria ao choque de energia, e nem resistiria ao ambiente em que vive o Ser divino. Um ser humano não poderia sobreviver fisicamente na presença de Deus."[3]

Com a instituição do culto a Deus por intermédio da Arca da Aliança, o povo passa a ter uma representação palpável e visível de Deus e um lugar de culto, e o sacerdócio de Arão e Moisés se torna a ponte entre o povo e Deus. Desse modo, a presença de Deus estava ali representada entre os querubins no Santo dos Santos e, por meio dos sacrifícios, o povo era purificado dos seus pecados. Tais rituais eram agradáveis e aceitáveis diante de Deus, como forma de adoração.

A GLÓRIA RECONHECIDA

A partir do livro de Josué, a glória de Deus não é mais visível como na época de Moisés. A nuvem e o fogo e todas as manifestações da presença divina com as quais o povo de Israel estava acostumado desde o Egito, não são mais vistos. Mas ainda assim é totalmente reconhecida. No texto de Josué 7:19, pela primeira vez, é pedido para alguém dar glória a Deus. Para Josué, o reconhecer da glória de Deus e o render a Ele louvores significavam compromisso com a presença e a santidade do Eterno, pois se alguém não podia fazê--lo, era porque havia separação entre esse homem e Deus.

---

[3]CHAMPLIN, R.N. *O Antigo Testamento interpretado versículo por versículo.* Vol. 1. São Paulo: Editora Hagnos, 2001. Pág. 457.

O reconhecimento da presença de Deus tornou-se inquestionável para a geração de Josué. Ao entrarem na Terra Prometida, sabiam muito bem quem era Deus, e honravam Sua presença. "Esta é a coisa fundamental, a mais séria de todas: que estamos sempre na presença de Deus."[4]

Depois de Josué, entretanto, a manifestação da glória de Deus praticamente desapareceu do meio do povo. Após o supracitado verso de Josué, a palavra "glória" desaparece até o final do livro de Josué, não aparece no próximo livro, Juízes, e só retorna nos lábios de uma mulher temente a Deus chamada Ana, mãe do profeta Samuel (1Samuel 2:8). Por um instante, Israel volta a ter uma revelação da glória e majestade de Deus que há muito havia desaparecido. Por esse tempo, o povo de Israel já havia se esquecido das maravilhas do Senhor e espalhado muitos postes ídolos por toda a sua terra. Nem mesmo os próprios sacerdotes conheciam e temiam ao Senhor. A adoração e o culto se tornaram meros rituais executados por pessoas que não tinham qualquer entendimento de quem era Deus. Eli e seus filhos profanavam o santuário, o povo se pervertia, e assim, tudo o que poderia restar da glória de Deus se foi de Israel, culminando com a derrota para seus inimigos e a tomada da Arca da Aliança pelos filisteus. Em 1Samuel 4:21, aparece a expressão "Icabode" que quer dizer "foi-se a glória de Israel". A presença de Deus, que era identificada pela Arca, não estava mais no meio deles por causa do pecado. Quando tudo parecia perdido, Deus levanta o profeta Samuel para que fosse instrumento da restauração da glória e presença divina, pois uma nova geração estava surgindo em Israel.

---

[4]BLANCHARD, John. *Pérolas para a vida*. São Paulo: Edições Vida Nova, 1993. Pág. 111.

A GLÓRIA COMPARTILHADA PELA COMUNHÃO

Após o fracasso do rei Saul, o profeta Samuel, orientado por Deus, encontra entre os filhos de Jessé, o jovem Davi. Antes de Samuel encontrá-lo, no entanto, Deus já havia escolhido Davi, quando ele estava junto às suas ovelhas. Ainda como pastor do rebanho, Davi já reconhecia a glória do Pai na criação (Salmos 19:1) e como fonte de glória sobre sua vida (Salmos 3:3). Quando se tornou rei de Israel, Davi estabeleceu um tabernáculo com a finalidade de que houvesse em Israel alguém da tribo levítica dando glórias a Deus vinte e quatro horas por dia. A comunhão de Davi com Deus foi tanta que ele chegou a vislumbrar a glória futura e apontar Jesus Cristo como o Rei da Glória e proclamar a Sua presença nos céus (Salmos 24:10). Por fim, no Salmos 71:8, Davi canta que seus lábios estariam continuamente cheios da glória de Deus. Por todo o livro dos Salmos — boa parte, inclusive, escrito por Davi — podemos ver a glória de Deus sendo restaurada em Israel, culminando com um vislumbre da glória física e aparente na inauguração do templo, quando novamente a glória *Shekinná* será presente (1Reis 8:11), já debaixo do cetro de Salomão, filho de Davi.

Deus permitiu tudo isso para que Davi fosse sempre lembrado como um homem que restaurou a glória por intermédio da comunhão, não mais de forma física, mas sim espiritual. Assim, o que nos traz à memória, como mais marcante em sua vida, é ter sido alguém que teve um coração que por toda a vida glorificou ao Senhor e cuja fé se transformou em amor e serviço. Em Atos 13:22, quando Lucas fala que Deus havia encontrado em Davi um homem segundo o Seu coração, ele está dizendo que Deus havia achado um coração com quem poderia compartilhar a Sua glória.

A GLÓRIA DA ÚLTIMA CASA

Depois de Davi, glória se torna sinônimo da presença de Deus; não apenas em nosso meio, mas no interior de cada um de nós.

Isaías está entre os profetas que mais teve revelação da glória de Deus. Isaías escreveu um dos trechos mais fascinantes da Palavra: "Eu vi o Senhor, assentado sobre um alto e sublime trono, e as orlas do seu manto cobriam o templo. Ao seu redor havia serafins; cada um tinha seis asas; com duas cobria o rosto; com duas cobria os pés e com duas voava. E clamavam uns para os outros, dizendo: Santo, Santo, Santo é o Senhor dos Exércitos; a terra toda está cheia da sua glória" (Isaías 6:1-3). O texto fala claramente de uma revelação grandiosa da glória de Deus e da Sua majestade celeste. No final do livro, Isaías profetiza que, um dia, Deus ajuntará as nações e línguas para que contemplem a Sua glória. Depois de Isaías, outro homem de Deus também profetiza sobre a glória da última casa que seria maior que a da primeira, a qual atingiria as nações da Terra (Ageu 2.9).

A GLÓRIA DE DEUS EM CRISTO

A manifestação maior da glória de Deus foi revelada em Jesus. "E o Verbo se fez carne e habitou entre nós, cheio de graça e de verdade e vimos sua glória, glória como a do unigênito do Pai" (João 1:14). Não houve fogo, fumaça, trovão, vento ou terremoto que revelasse mais da glória que a Sua própria presença, em carne, vivo entre nós. Assim foi Jesus Cristo, Emanuel, Deus Conosco, presente em nosso meio, manifestando dia após dia a glória e a presença de Deus.

Davi e os profetas apontaram para Ele, mas em toda a Bíblia é possível encontrarmos indicações da Sua vinda, Sua presença e Seu governo. Os seus discípulos reconheceram a Sua glória manifesta, e a Igreja também o fez no decorrer dos séculos. Por isso, adoração deve ser a manifestação viva da glória de Deus. Muito mais do que música, adorar é um fluir genuíno que expressa a maravilhosa e gloriosa presença do Espírito Santo em nosso coração.

"Os céus declaram Tua glória, Senhor, em cada estrela Tua sabedoria refulge; mas ao contemplarmos com os nossos olhos, a Tua Palavra, vemos Teu nome em linhas mais claras, mais belas" (Isaac Watts).[5]

Jesus é o Rei da Glória

Quando a igreja é centralizada em Cristo, ela está próxima da presença de Deus, pois Ele está assentado à direita do Pai, como vislumbrou o mártir Estêvão em Atos 7:55: "Mas Estêvão, cheio do Espírito Santo, fitou os olhos no céu e viu a glória de Deus e Jesus, que estava à sua direita". Quando adoramos, entramos nesse ambiente celestial, experimentando um pouco do que é o Céu. Nem as pedradas e o sofrimento roubaram de Estêvão a visão da presença maravilhosa do Senhor. Ele não se importou com a iminente morte em razão da glória que o esperava junto de Deus.

Paulo afirma ter visitado o Céu. Da mesma forma, muitos irmãos, no decorrer da história da Igreja, puderam, por alguns instantes, deparar-se com o Eterno. Em outros casos, o Eterno invade a Terra. Cristo veio e se manifestou poderosamente com sinais e maravilhas e pudemos experimentar a glória de Deus em nosso meio por meio das curas, da salvação, dos milagres de diversas naturezas e muitas revelações. Na grandiosidade de Deus não há limites, nem para a Sua glória, tampouco. Recentemente, em um seminário para líderes, o pastor argentino Jorge Himitian declarou: "O que a Igreja precisa é crer; ouvir e crer, ler e crer".

A glória do Senhor em Cristo é também contemplada por nós que estamos Nele. "As bênçãos que fluem para o cristão, em razão de sua união com o Senhor Jesus em Sua vida de glória, são

---

[5]TOZER, A. W. *Mais perto de Deus*. São Paulo: Editora Mundo Cristão, 2007. Pág. 21.

indizíveis."⁶ O homem espiritual e adorador, na medida em que se enche de Cristo, vai contemplando Sua face, como afirma o apóstolo Paulo em 2Coríntios 3:18: "E todos nós, com o rosto desvendado, contemplando, como por espelho, a glória do Senhor, somos transformados de glória em glória, na sua própria imagem, como pelo Senhor, o Espírito". No capítulo seguinte, Paulo conclui: "Porque nossa leve e momentânea tribulação produz para nós eterno peso de glória acima de toda comparação" (2Coríntios 4:17). Esse segundo texto pode ser entendido que o padecer ou o sofrimento na vida de um crente e adorador leva-o para perto da presença de Deus mais do que qualquer coisa.

Como já mencionei, temos em casa uma filha que nasceu com uma síndrome rara. Foi difícil compreender o propósito que o Pai tinha em nos mandar uma criança assim. Muitas vezes, dormi chorando ou mesmo perdia o sono pensando como seria seu futuro neste mundo que segrega os especiais. Porém, no decorrer dos anos, na medida em que a entregamos ao Senhor, todo o sofrimento que passamos transformou-se em glória. Minha vida foi levada a um patamar de fé e confiança. "Nós adoramos àquele em quem confiamos, e confiamos em quem conhecemos."⁷ Hoje, mais de vinte anos depois, olhamos para nossa primogênita Aurora com gratidão, pois, do jeito que é, ela produz em nossa casa eterno peso de glória. Ela também é um instrumento de intensa capacitação para a obra do Espírito Santo em nós, que foi e é nosso Consolador e nos ensina a consolar muitas pessoas mundo afora. Essa e muitas outras lutas que temos tido, em vez de nos afastarem de Deus com questionamentos e inconformismos, de fato tem nos levado para mais perto do coração de Deus. Assim, nossa fé se tornou em amor.

⁶MURRAY, Andrew. *Permanecei em Cristo*. São Paulo: Editora dos Clássicos, 2007. Pág. 158.
⁷JEREMIAH, David. *O desejo do meu coração*. Rio de Janeiro: CPAD, 2006. Pág. 193.

CONCLUSÃO

Adoração: quando a fé se torna amor

Ainda que eu fale a língua
Dos homens e dos anjos
E tenha em mim tamanha fé
Que consiga transportar os montes,
Se não tiver amor, nada serei.

Deus é amor
ASAPH BORBA — 2000

Em todo este livro que agora chega ao seu termo, a tônica proposta pelo Senhor em meu coração foi compartilhar o enfoque bíblico no que diz respeito à adoração. Percorri a Palavra, o máximo possível, buscando elucidar o tema, inspirado por homens como Davi, Moisés, Samuel e o próprio Senhor Jesus que nos ensina, a cada dia, a vivermos como verdadeiros adoradores que adoram ao Pai em Espírito e em verdade. Procurei enriquecer minha inspiração com citações de escritos de homens e mulheres do passado e do presente que são referências fidedignas nesta tão importante área da vida da Igreja: a adoração. Aproveitando, cito Thomas Brooks: "O exemplo é a mais poderosa retórica".[1] Humildemente,

---

[1]BLANCHARD, John. *Pérolas para a vida*. São Paulo: Edições Vida Nova, 1993. Pág. 156.

espero ter servido a cada um dos meus leitores com os conceitos que aprendi nesses 40 anos de ministério a serviço do Senhor, destacando princípios práticos que possam ajudar tanto na formação quanto no fortalecimento do caráter de músicos e cantores.

A BASE DE TUDO É A FÉ

Nada do que escrevi terá real valor se no coração de cada leitor não houver verdadeira fé. "Se você não crer, não compreenderá" (Agostinho).[2] Lembra-se que falei no princípio deste livro sobre a semente plantada por Deus em cada coração e que nos leva a crer? Pois é, Jesus comparou essa semente de fé a um pequenino grão de mostarda que, quando plantado em boa terra, torna-se forte e produtivo. Para existir riqueza espiritual na vida de adoração, ter fé é imprescindível. Não uma fé dogmática, mas uma fé firmada em experiências de amor e de verdade. "A suspeita subtrai, a fé adiciona, mas o amor multiplica. Ele abençoa duplamente: aquele que o dá e aquele que o recebe."[3]

No capítulo bíblico do amor, Paulo escreve: "Agora, pois, permanecem a fé, a esperança e o amor, estes três, mas o maior destes é o amor" (1Coríntios 13:13). Além da fé e do amor, o apóstolo apresenta um novo elemento: a esperança. No contexto da adoração não há dúvidas de que a esperança que provém de Deus nos ajuda como adoradores, pois somente aquele que vive a verdadeira esperança consegue entender a adoração bíblica. "A natureza da esperança é esperar no que a fé crer."[4] Somente com

---

[2]BLANCHARD, John. *Pérolas para a vida*. São Paulo: Edições Vida Nova, 1993. Pág. 163.
[3]BLANCHARD, John. *Pérolas para a vida*. São Paulo: Edições Vida Nova, 1993. Pág. 21.
[4]BLANCHARD, John. *Pérolas para a vida*. São Paulo: Edições Vida Nova, 1993. Pág. 138.

a esperança firmada no Senhor é possível ao adorador fazer da fé um motor que impulsiona a vida na direção de Deus. A esperança é que mantém a chama no coração do adorador que está sempre na expectativa do sobrenatural que é gotejado pelo óleo do Espírito Santo. A esperança fortalece a vida espiritual. Aquele que realmente crê e vive na espera compassada das coisas do alto não negligencia a comunhão com o Pai, pois desenvolve um amor progressivo que o leva à constância na adoração.

Quando a fé se torna amor, nós oramos

A adoração nasce, principalmente, no lugar secreto, aquele esconderijo constante e seguro de onde flui a comunhão, o louvor, a adoração e muita oração, como podemos identificar nestas palavras ditas pelo próprio Deus a Juliana de Norwich: "Eu sou o fundamento de tua súplica; primeiro, é minha vontade que recebas o que suplicas; depois, faço-te desejá-lo; e então faço-te suplicá-lo e tu o suplicas. Como, pois, não haverias de receber o que suplicas?"[5]

No decorrer do livro, foi abordada também a associação entre oração e adoração, atitudes que caminham juntas na vida espiritual. Valnice Milhomens ensina que "adoração é uma forma elevada de oração. Se a adoração não nos transformar, ela não é adoração. Estar diante do Santo da eternidade é transformar-se".[6] Segundo Valnice, a oração tem diversas etapas e enfoques e é "uma necessidade da vida espiritual".[7] A oração passa pela petição, intercessão, ações de graças e clamor, porém, chega um

---

[5]FOSTER, Richard J. *Celebração da disciplina*. São Paulo: Editora Vida, 1983. Pág. 47.
[6]FOSTER, Richard J. *Celebração da disciplina*. São Paulo: Editora Vida, 1983. Pág. 200.
[7]BRUCE, A. B. *O treinamento dos doze*. São Paulo: Editora Arte Editorial, 2005. Pág. 57.

momento em que ela se eleva e se transforma em adoração em que a prioridade não é mais o homem, mas sim, Deus. Esse nível só é alcançado quando a fé dentro de um adorador transforma-se em sublime, puro e santo amor. Não um amor qualquer, mas um amor divino, gerado pelo próprio Deus e que volta para Ele, circulando sem barreiras ou limites por nosso espírito, alma e corpo.

Quando a fé se torna amor, nosso olhar está na eternidade
Quando a fé se torna amor, aprendemos também a dar mais valor às coisas eternas e nos preocupamos menos com as coisas perecíveis e passageiras deste mundo. "Não atentando nós nas coisas que se veem, mas nas que não se veem, porque as que se veem são temporais, e as que se não veem são eternas" (2Coríntios 4:18). Billy Graham, um dos mais ilustres pregadores de nossa geração, afirmou: "Qualquer filosofia que trate somente do aqui e agora não serve para o homem".[8] No mundo físico, o que realmente é importante são as coisas que podem ser vistas, tocadas e sentidas por nossas diferentes percepções, porém, no mundo espiritual, o que tem relevância é o que ultrapassa o natural. Conhecer a respeito das coisas do espírito é que dão a verdadeira força e segurança à existência humana, afinal, o homem, criado à imagem e semelhança de Deus, é um ser espiritual. "Andai no Espírito e jamais satisfareis os desejos da carne" (Gálatas 5:16). A verdadeira adoração é profundamente espiritual. Antes de ser cantada, tocada e ouvida. Em sua essência, a verdadeira adoração é invisível e inaudível, mesmo que deva ser extremamente real e verdadeira. Quem crê dessa forma, sabe que isso tem valor eterno, como

---

[8]BLANCHARD, John. *Pérolas para a vida*. São Paulo: Edições Vida Nova, 1993. Pág. 145.

tudo aquilo que vem e é para Deus. A adoração jamais pode ser algo passageiro na vida do cristão. Ela tem que cumprir seu papel eterno, mesmo em um mundo feito de coisas perecíveis e de curta duração. Viver uma vida de adoração diante de Deus deve promover, em cada coração, a certeza de que está participando da eternidade celeste que é formada de louvor e adoração a Deus. "A palavra 'eterno' é uma palavra séria."[9]

Quando a fé se torna amor, nós jejuamos

Quando a fé se torna amor, nos dispomos ainda à quebra do comodismo crescente em nossa geração para assumirmos o sacrifício de vivermos os valores de Deus, os quais vão sendo alcançados à medida que quebramos nossa natureza carnal e pecaminosa para nos dedicarmos sem reservas à implantação do Reino de Deus neste mundo. Um desses sacrifícios é a prática do jejum. "Isaías 58 é um dos melhores capítulos da Bíblia sobre a questão do jejum. Há doze benefícios específicos do 'jejum que Deus deseja' listados ali: 1. Revelação; 2. Cura e integridade; 3. Justiça; 4. A presença da glória *shekinah* de Deus; 5. Orações respondidas; 6. Direção contínua; 7. Contentamento; 8. Refrigério; 9. Força; 10. Obras que permanecem (como um fluir eterno da primavera); 11. Educação de gerações futuras; 12. Restauração."[10]

Nos dias de hoje, para muitas pessoas, todo e qualquer sacrifício parece ser desnecessário para as coisas de Deus. É de se entender, afinal, fala-se muito mais de abastança, prosperidade, fartura, do que de coisas celestiais. Caro leitor, se o jejum e outros sacrifícios abordados na Palavra não fossem importantes, Jesus não teria ensi-

---

[9]BLANCHARD, John. *Pérolas para a vida*. São Paulo: Edições Vida Nova, 1993. Pág. 145.
[10]CHAVDA, Maesh. *O poder secreto da oração e do jejum*. São Paulo: Editora Vida. 2009. Págs. 35, 36.

nado que algumas vitórias espirituais só ocorrem com jejum e oração. "Porque em verdade vos digo que, se tiverdes fé como um grão de mostarda, direis a este monte: Passa daqui para acolá — e há de passar; e nada vos será impossível. Mas esta casta de demônios não se expulsa senão pela oração e pelo jejum" (Mateus 17:20-21).

Durante um seminário realizado em Porto Alegre, Valnice Milhomens ensinou que a importância do jejum está em deixar de se alimentar e satisfazer a carne para alimentar o espírito. Richard J. Foster também faz a seguinte afirmação: "Nas Escrituras o jejum refere-se à abstenção de alimentos para finalidades espirituais".[11] Há uma guerra constante entre estas duas esferas, a carnal e a espiritual. A que estiver mais bem alimentada vence. A quebra da vontade humana em prol da vontade de Deus deve ser um alvo diário de cada cristão. A Bíblia ensina que a vontade de Deus é "boa, agradável e perfeita" (Romanos 12:2). Entendendo isso, devemos confrontar, constantemente, o que queremos com aquilo que Deus quer, buscando, obviamente, pender para o lado daquilo que Deus deseja. Dessa forma, sempre alcançaremos o melhor do Pai para a nossa vida. Assim viveremos de modo digno do Senhor, para o Seu inteiro agrado, como Paulo salienta em Colossenses 1:10: "A fim de viverdes de modo digno do Senhor, para o seu inteiro agrado, frutificando em toda boa obra e crescendo no pleno conhecimento de Deus". Sobre esse assunto, Andrew Murray conclui: "Somos criaturas dos sentidos: o jejum ajuda a expressar, aprofundar e confirmar a decisão de que estamos prontos para sacrificar tudo, para sacrificar a nós mesmos, a fim de alcançar o que buscamos para o Reino de Deus".[12]

---

[11]FOSTER, Richard J. *A celebração da disciplina*. São Paulo: Editora Vida, 1983. Pág. 65.
[12]DUEWEL, Wesley L. *A oração poderosa que prevalece*. São Paulo: Editora Candeia, 1994. Pág. 189.

Quando a fé se torna amor, nós ofertamos sacrifícios espirituais

Por ordem do Senhor, no capítulo 2 de Deuteronômio, Moisés estabelece os critérios para os sacrifícios das ofertas dos hebreus. No primeiro ponto ele enfatiza que o tamanho do sacrifício não importava. Pode ser um novilho ou uma pombinha. A relevância não estava no tamanho da oferta, mas se ela era pura e sem defeito. Quando a oferta era de manjares, tinha que ser da melhor farinha. A flor de farinha oferecida diante do Eterno deveria ser sem fermento e sem mel, haja vista que a ausência da levedura significava que a oferta apresentada no altar não precisava ter a sua forma alterada. Aplicando o conhecimento para o nosso contexto, aprendemos que nossos sacrifícios diante do Senhor devem ser autênticos e verdadeiros. Infelizmente, muitos cristãos querem trazer diante do Pai ofertas ampliadas e fermentadas, principalmente na adoração. Atenção: Os sacrifícios de louvor que agradam ao Pai são aqueles frutos de corações verdadeiros. Deus não permitia nem que se colocasse mel que representava também uma doçura artificial. Nossa vida de adoração para com Deus tem que ser integral, verdadeira e autêntica, definida pela essência do que somos. "As Escrituras insistem conosco a que 'ofereçamos a Deus, sempre sacrifício de louvor, que é o fruto de lábios que confessam o seu nome' (Hebreus 13:15). O Antigo Pacto exigia o sacrifício de touros e bodes. O Novo Pacto, porém, requer apenas sacrifício de louvor. Pedro ensina que, como novo sacerdócio real de Cristo, devemos oferecer 'sacrifícios espirituais.'"[13] Confira: "Também vós mesmos, como pedras que vivem, sois edificados casa espiritual. Para serdes sacerdócio santo, a fim de oferecerdes

---

[13]FOSTER, Richard J. *A celebração da disciplina*. São Paulo: Editora Vida, 1983. Pág. 198.

sacrifícios espirituais agradáveis a Deus por intermédio de Jesus Cristo" (1Pedro 2:5). Esses sacrifícios são agradáveis a Deus.

Quando a fé se torna amor, nós adoramos com tudo o que temos e somos

O texto de Lucas 7:36-50 conta a história de uma mulher que unge os pés de Jesus na casa de Simão. O que mais chama a atenção no enredo é o fato dessa mulher pecadora, mesmo em face das barreiras sociais e críticas dos discípulos, ter se achegado frente ao Mestre e derramado em Seus pés um valiosíssimo bálsamo acompanhado de lágrimas. Para completar, numa atitude de ternura e amor, ela seca os pés do Salvador com seus próprios cabelos, parte do corpo da mulher que as Escrituras chegam a dizer que são sua glória — "O cabelo comprido é uma glória para a mulher" (1Coríntios 11:15). Essa mulher não apenas ungiu os pés do Mestre, ela "adorou ao Senhor" com tudo que lhe era mais precioso: o bálsamo e os cabelos. Assim deve ser a nossa vida como adoradores. Temos que ser cristãos que adoram ao Pai em Espírito e em verdade, na beleza da Sua santidade, com tudo o que somos e com tudo o que temos. Adoração é, portanto, um depositar aos pés de Cristo daquilo que nos é mais precioso, que demonstra a nossa glória, valor, coroa, dom, brilho, fama e sucesso. Tudo deve ser derramado, constantemente, aos pés de Jesus. Quando a fé se torna amor, adoramos ao Senhor com tudo o que temos e somos.

Deus abençoe sua vida!

REFERÊNCIAS

ALLEN, Ronald; BORROR, Gordon. *Teologia da adoração*. São Paulo: Editora Vida Nova, 2002.

AMORESE, Rubem. *Louvor, adoração e liturgia*. Viçosa: Editora Ultimato, 2004.

BLANCHARD, John. *Pérolas para a vida*. São Paulo: Edições Vida Nova, 1993.

BRUCE, A. B. *O treinamento dos doze*. São Paulo: Editora Arte Editorial, 2005.

CHAGAS, Ed; LOPES, Marcus. *Atitude de ser um*. Bauru: Editora CMC, 2009.

CHAMBERS, Oswald. *Tudo para Ele*. Belo Horizonte: Editora Betânia, 2004.

CHAMPLIN, R. N. *Comentário Bíblico do Novo Testamento*. São Paulo: Editora Candeia, 1995.

CHAMPLIN, R. N. *O Antigo Testamento interpretado versículo por versículo*. São Paulo: Editora Hagnos, 2001.

CHAVDA, Maesh. *O poder secreto da oração e do jejum*. São Paulo: Editora Vida. 2009.

CORNWALL, Judson. *A adoração como Jesus ensinou*. Belo Horizonte: Editora Betânia, 1995.

DUEWEL, Wesley L. *A oração poderosa que prevalece*. São Paulo: Editora Candeia, 1994.

FOSTER, Richard J. *Celebração da disciplina*. São Paulo: Editora Vida, 1983.

HAYFORD, Jack. *Adoração e testemunho na vida do homem*. Belo Horizonte: Editora Betânia, 1997.

HIMITIAN, Jorge. *Projeto do eterno*. Rio de Janeiro: Editora Atos Gospel, 2010.

HUGHES, Russ. *O poder através da adoração*. Rio de Janeiro: Editora Danprevan, 2005.

HURTADO, Larry W. *As origens da adoração cristã*. São Paulo: Editora Vida Nova, 2011.

JEREMIAH, David. *O desejo do meu coração*. Rio de Janeiro: CPAD, 2006.

JOSEFO, Flávio. *História dos hebreus*. Rio de Janeiro: CPAD, 2002.

LABATUT, Farley P. *Geração de adoradores*. Curitiba: Editora AD Santos, 2008.

LLOYD Jones, Martin. *Estudos no Sermão do Monte*. São José dos Campos: Editora Fiel, 1989.

MURADAS, Atilano. *Decolando nas asas do louvor*. São Paulo: Editora Vida, 1999.

MURRAY, Andrew. *Humildade*. A beleza da santidade. São Paulo: Editora dos Clássicos, 2005.

MURRAY, Andrew. *Permanecei em Cristo*. São Paulo: Editora dos Clássicos, 2007.

NEE, Watchman. *A vida cristã normal*. Belo Horizonte: Edições Tesouro Aberto, 2006.

NEE, Watchman. *Não ameis o mundo*. São Paulo: Editora dos Clássicos, 2002.

NOLAND, Rory. *O artista adorador*. São Paulo: Editora Vida, 2007.

PACKER, J. I. *O conhecimento de Deus*. São Paulo: Editora Mundo Cristão, 2005.

PHILLIPS, J. B. *Cartas para hoje*. São Paulo: Edições Vida Nova, 1994.

REDMAN, Matt. *O adorador insaciável*. São Paulo: Editora W4, 2010.

RICHARDSON. Don. *Fator Melquisedeque*. São Paulo: Editora Vida Nova, 1986.

RYLE, J. C. *Adoração* — prioridade, princípios e práticas. São José dos Campos: Editora Fiel, 2010.

RYLE, J. C. *Adoração*. São José dos Campos: Editora Fiel, 2010.

SHEDD, Russell. *Adoração bíblica*. São Paulo: Edições Vida Nova, 2007.

SILVA, S. Pedro da. *O homem:* corpo, alma e espírito. Rio de Janeiro: CPAD, 1988.

SOUZA, Estevam Ângelo de. *Nos domínios do Espírito*. Rio de Janeiro: CPAD, 1998.

TAME, David. *O poder oculto da música*. São Paulo: Editora Pensamento, 1984.

TOZER, A. W. *Cinco votos para obter poder espiritual*. São Paulo: Editora dos Clássicos, 2008.

TOZER, A. W. *Mais perto de Deus*. São Paulo: Editora Mundo Cristão, 2007.

VINE, W. E.; UNGER, Merril F.; WHITE JR., William. *Dicionário VINE*. Rio de Janeiro: CPAD, 2002.

WARREN, Rick. *Uma vida com propósitos*. São Paulo: Editora Vida, 2002.

Web Brain Quote. <http://www.brainyquote.com/quotes/authors/m/mahatma_gandhi.html> Acesso em 28 setembro 2012.

Web Frases. <http://www.webfrases.com/ver_frase.php?id_frase=0b362be4>. Acesso em 28 setembro 2012.

WILLIAMS, Roger. *Adoração:* um tesouro a ser explorado. Belo Horizonte: Editora Betânia, 2009.

WITT, Marcos. *O que fazemos com estes músicos?* São Paulo: Editora W4, 2008.

ZSCHECH, Darlene. *Adoração extravagante*. Belo Horizonte: Editora Atos, 2004.

SOBRE O AUTOR

Asaph Borba nasceu em Coronel Fabriciano-MG, no ano de 1958. Apesar de crescer em um lar evangélico, teve uma adolescência conturbada devido ao uso de drogas, até o dia em que teve um encontro com Cristo, em 1974, na Igreja Metodista Wesley, em Porto Alegre-RS. Debaixo do pastoreio de Erasmo Ungaretti e Moysés Cavalheiro de Moraes, e do companheirismo do missionário norte-americano Don Stoll, Asaph tornou-se um ministro de adoração reconhecido no Brasil e no exterior. Compositor de centenas de cânticos que, há mais de três décadas, fazem parte da nova hinologia brasileira, Asaph influenciou praticamente todos os músicos de sua geração, e emplacou sucessos nacionais, tais como, "Alto preço", "Infinitamente mais", "O meu louvor", "Jesus, em Tua Presença", "Minh'alma engrandece", "Nós somos o povo a quem Deus libertou", "Reina o Senhor, tremam os povos", "Ensina-me", "Eis-me aqui" e muitos outros. Exerce o ministério pastoral, discipulando a vida de músicos e pastores em diversas cidades brasileiras. Asaph Borba é jornalista formado pela Universidade Metodista do Sul, é diretor e fundador da Life Comunicação, possui 71 discos gravados, 3 DVDs, e já realizou conferências em diversos países da Europa, Ásia, África, Américas do Norte, Central e do Sul. É detentor dos prêmios "Troféu Talento 2009" e "Troféu Promessas 2011". Por sua influência além das fronteiras de Porto Alegre, onde viveu, praticamente, toda a sua vida, recebeu os títulos de "Cidadão Paulistano" (São Paulo-SP) e "Cidadão Natalense" (Natal-RN). Atualmente, investe esforços fortemente no Oriente Médio, onde já gravou 5 CDs e realizou 12 conferências de adoração. Asaph é casado com Lígia Rosana e pai de Aurora e André.

O Editor
São Paulo, outubro de 2012

Todas as canções citadas neste livro estão reunidas no álbum *Adoração*, disponibilizado pelo autor em todas as plataformas digitais. Para acessá-lo basta escanear o QR Code abaixo com a câmera do seu *smartphone*.

Este livro foi impresso no Rio de Janeiro, em 2024,
pela Vozes, para a Thomas Nelson Brasil.
A fonte usada no miolo é Adobe Caslon Pro, corpo
11,5/16. O papel do miolo é avena 80g/m², e o da
capa é cartão 250g/m².